激動するアジアの大学改革

——グローバル人材を育成するために

増補版

北村友人・杉村美紀／共編
Yuto Kitamura　Miki Sugimura

Sophia University Press
上智大学出版

目次

序章　グローバル化する
アジアの大学

―国境を越えた人材流動が求める
質の保証―

東京大学大学院教育学研究科准教授
北《きた》村《むら》友《ゆう》人《と》

ダッカ大学（バングラデシュ）

躍進するアジアの大学

近年、アジアの大学が国際的な注目を浴びている。少し前の話になるが、二〇〇八年版のThe Times Higher Education Supplement（ＴＨＥＳ）に発表された世界大学ランキングを眺めていて最も目を引かれたのが、インド工科大学（ＩＩＴ）とチュラロンコン大学の躍進であった。二〇〇七年版では三〇七位だったＩＩＴデリー校が一五四位に、同じく二六九位だったＩＩＴボンベイ校が一七四位に大きく順位を上げていた。また、タイのチュラロンコン大学も、二二三位から一六六位へと順位を上げ、トップ二〇〇の仲間入りを果たした。その後、同ランキングの評価基準が改訂されたため、これらの大学は順位を落としてはいるが、こうした現象はアジアの大学が国際的な存在感を着実に高めていることの表れである。大学ランキングの是非は措くとして、基本的に欧米の大学を中心に展開している国際的な高等教育市場のなかで、日本、中国、韓国、シンガポール、香港、台湾といったこれまで比較的高い評価を得てきた国・地域の大学に加え、最近ではインド、タイ、マレーシアなどの大学も評価を高めてきていることは確実である。

今日の国際社会ではグローバル化の影響のもとに、政治、経済、社会、文化の諸側面において苛烈な競争が各国・各地域の間で行われている。人、モノ、カネ、情報が自由に国境を越えるグローバリゼーションは、とりわけ「知識基盤社会」という言葉で象徴されるように、多様な情報へのアクセスの多寡によって国や地域、さらには組織や個人の国際競争力の度合いを規定してしまう。そうしたなか、多くの国では専門教育を通して高度な知識や技能を身に付けた人材を育成したり、研究開発を通して科学技術を発展させたりすることの重要性が、これまで以上に強く認識されている。

特にアジア地域においては、近年、域内の高等教育市場が急速に拡張するなか、国を越えた大学間競争が高まると同時に、域外の大学もアジア各国へ積極的に進出している。こうした高等教育市場のダイナミックな変容は、教育の質保証や資格認定などの面にも大きな影響を及ぼしている。このような状況のなか、アジア諸国では多様な高等教育改革が進められており、日本の高等教育関係者にとっても他人事の話として傍観しているわけにはいかない。本書は、そうしたダイナミックに変化するアジア各国の高等教育改革の大きなうねりを、代表的な大学の取り組みを紹介したり、今日的な課題について論じることを通して、紹介していくことを目的としている。

変わる大学の風景

アジアのとある国のことである。首都の郊外に位置する大学の緑に溢れたキャンパスを訪れると、知的な議論を交わす教授と学生たちの姿や、実験室で複雑な機械と向き合っている研究員たちの姿をみることができる。これは私たちにお馴染みの典型的な大学の光景であるが、その様子を仔細に眺めてみると、これまで私たちが慣れ親しんできたものとはいささか異なる様相を呈していることに気づく。そこでは、かつてと比べて教室に設置されている機材が進化していたり、講義のなかで学際性や実用性が強調されたりと、様々な変化が表れているのだが、何よりも大きな変化は、教授や学生たちの国籍が多様化しており、とりわけ英語で行われる講義の数が飛躍的に増えていることであろう。英語による教育の是非についてはここでは論じないが、こうした大学の教室に足を踏み入れると「国際化」という言葉の意味を実感することができる。

実は、このように国際化した大学の風景は、どこか特定の国をモデルとして描いたわけではない。今日、アジアのどの国を訪れても、多かれ少なかれこれに似た情景を目にすることができる。もちろんアジアのなかには、日本や韓国のように当該年齢人口の半数以上の人々が高等教育に進学する国もあれば、南アジア諸国のように進学率が一桁台に低迷している国々もあるため、「アジア」と一括りで表現するには、この地域はあまりにも多様性に富んでいる。それでもなお、アジア諸国の高等教育の現状を概観すると、各国の間でかなり共通した問題意識を有していることに気づく。その最たるものが、国際的な「人材の流動性」に対する関心の高さである。高等教育市場が成熟しつつある国でも、これからの発展を期している国においても、国境を越えて研究者や学生たちが交流するなかで生まれるダイナミズムを十分に活用することが、二十一世紀に大学が生き残っていくうえでの大きな課題であると捉えられている。

国際的な人材流動が生み出す高等教育市場の変化

なぜ、人材の流動性が、高等教育改革の重要課題として位置づけられるのであろうか。この答えを探るために、大学がどのように国際的な人の移動を促しているのかについて考えてみたい。

まず、大学の入口をみると、多様な背景をもつ学生たちの入学を促進することで、より優秀な学生を確保したり、学生集団のなかに活気を生み出したりすることができる。それに加えて、少子化が進む国では自国以外の学生たちを顧客として勧誘することが、大学にとって教育研究のみならず経営の観点からも重要な意味をもっている。また、多様な学生を受け入れるためには、国籍に捉われず多様な教員を確保することが不可欠であり、そうした大学側からのニーズに伴い国際的な大学教員の市場が形成されている。さらに、大学の効率的運営を目的とする「法人化」（日本、マレーシア）や「自治大学化」（タイ、インドネシア）を通して柔軟な雇用システムが整備されることによって、そうした市場の形成が後押しされている。このように国際化が進んだ大学の出口では、国内の労働市場への人材供給のみならず国際的な競争力をもった人材を輩出している。こうして今日の高等教育市場では、かつてないほど大勢の人々が国境を越えて移動するようになっている。

こうした高等教育市場の変貌の理由として、グローバル化する知識基盤経済のなかで、世界貿易機関（WTO）の「サービスの貿易に関する一般協定（GATS）」にみられるように教育市場も自由化の対象となり、特に高等教育が「グローバル商品」として位置づけられるようになったことがあげられる。これまでは主に欧米諸国の大学へと人材を送り出す側であったアジア各国も、積極的な高等教育改革を展開するなかで域内ならびに域外からの研究者や留学生を積極的に受け入れるようになってきた。

大学による国際化の動きに対して、各国政府の高等教育政策も呼応してきた。例えば、世界水準の研究拠点を形成し、知識基盤経済における国際的な競争力を高めるために、各国政府は中枢的な研究機関への重点的支援（日本の「COEプログラム」、中国の「211工程」、韓国の「BK21」など）を行い、国籍を問わず優秀な研究者たちを確保しようとしている。また近年では、大学における国際共同教育プログラムの開発を支援する「キャンパス・アジア」というプロジェクトが、日本、中国、韓国の政府による合同事業として推進されている。

高等教育市場の変化は、私立大学の増加にもみることができる。日本、韓国、フィリピンを除くと伝統的にアジアの国々では国立（あるいは国家が維持している）大学が高等教育の中核を占めており、私学セクターは限定的な役割を果たしてきたに過ぎない。しかしながら、近年、アジア諸国が経済成長を遂げるなかで高等教育への需要が高まり、その受け皿としての私学セクターが急速に拡大している。ただし、多くの国で政府による高等教育分野に対する財政支出が抑制されるなか、新たなオプションとして私立大学が設置されるようになってきたという状況もみられる。また、特に新興の私立大学のなかには、教育の質や施設・設備の整備などに関して、十分なレベルのサービスを提供していない大学が少なからずあることも事実である。

さらに、開発援助プロジェクトや産学連携などを通して、国際的な社会貢献が大学に求められる機会も増えている。こうした動きが、東南アジア諸国連合（ＡＳＥＡＮ）や南アジア地域協力（ＳＡＲＣ）をはじめとする地域的なネットワークや集合体への関与を大学に促し、大学間の地域連携の流れを加速化させている。

このような教育、研究、社会貢献という大学が果たすいずれの機能においても、国際的な人材の流動性を高めることが求められている。そこで次に、国境を越えた人の移動を支えるために欠かせない、質保証の問題について考えたい。

国際化で推進される質の保証

国際的な人の移動と、大学の質に関する問題は、切り離して考えることができない。周知のように、国によって異なる教育システムの間を学生が移動するにあたっては、それぞれの国で受ける教育サービスの質に極端な格差が生じないようにすることが必要である。したがって、いかなる国の大学で教育サービスを受けるにしても、そこで得られるサービスは国際的に「交

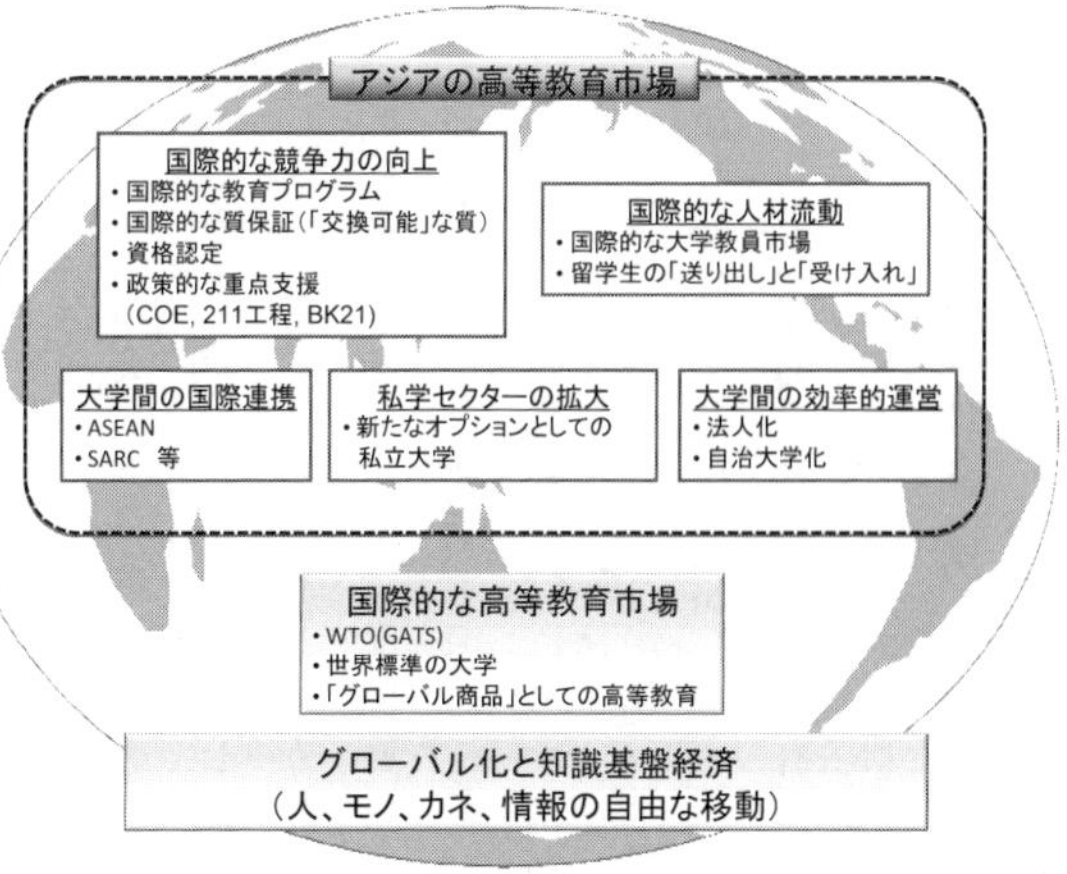

出典：筆者作成

換可能（tradable）」な質を伴ったものであることが望まれる。

例えばヨーロッパにおいては、欧州大学間ネットワークを構築するための「エラスムス計画」や欧州高等教育圏の確立を目指す「ボローニャ・プロセス」のなかで大学間の国際的な人の移動が活発化しているが、こうした動きを支えるためにアクレディテーション（適格認定）などを通した教育の質保証を推進することの重要性が、各国の間で広く共有されている。

アジア諸国においても、フランチャイズ（教育サービスの委託提供）、ツイニング・プログラム、ダブル・ディグリー（またはジョイント・ディグリー）、連結プログラム、プログラム認定方式、遠隔教育（eラーニング）など、学位の授与や単位の認定を行うものから講座・講義の提供にとどまるものまで、今日では様々な形態の国際的な教育プログラムが実施されている。いずれの形態においても重要なことは、誰がどのような基準に基づき履修単位の認定や学位・修了証の授与を行ったり、講座・講義の質を保証したりするのかということである。

特に、高等教育には巨額の税金が投じられるため、それに見合った質の教育と研究を大学が行っているのかどうかが厳しく問われるようになっている昨今、国際的に合意された基準に基づく評価を行うことが欠かせない。そのため、「高等教育質保証機関の国際的ネットワーク（INQAAHE）」が構築され、アジアにおいてはその地域ネットワークである「アジア太平洋質保証ネットワーク（APQN）」が、同ネットワークの加盟国における質保証や単位互換制度の開発などに対して助言や専門知識を提供している。

こうした国際的なネットワークも活用しつつ、アジアの多くの国が、質保証の問題に対して積極的に取り組んでいる。そこには、質保証を通して自国の大学の競争力を向上させようという強い意思がみられる。例えば韓国では、質保証に関する情報開示が積極的に行われ、定量的な評価が定着しており、大学が提供するサービスの質を公平かつ正当に評価することの重要性が明確に意識されている。

その一方、東南アジア地域では、高等教育の質保証に関して域内の格差が顕著である。インドネシア、タイ、フィリピン、マレーシアなど、すでに国内での質保証のメカニズムを独自に開発・確立している国々がある一方、カンボジア、ミャンマー（ビルマ）、ラオスなどでは質保証のための制度設計が十分に進んでいない状況にある。こうした域内格差は、東南アジア地域における共通の質保証のフレームワークを開発するうえで大きな障壁となっている。

さらに、翻って日本の大学の状況をみると、質保証に取り組むのは時代の趨勢のなかでやむを得ないことであるといった、むしろ消極的（あるいは受け身）な姿勢を感じる。しかしながら、これまで欧米あるいは日本やオーストラリアに留学をしていた東南アジアや南アジアの学生たちが、中国、インド、シンガポール、マレーシア、タイなど、留学先の選択肢を確実に広げているなか、日本の大学が魅力的な留学先として生き残り続けるには教育の質を高めるためのなお一層の努力が欠かせない。

二十一世紀に生き残るための大学像とは

本章の冒頭で言及したＴＨＥＳのランキングにおいて注目すべきは、同じように一〇〇位台にランクされている日本の諸大学と比べて、インドやタイの大学に対しては大学関係者や企業からの評価がおしなべて高く、それが順位を押し上げていることである。これは、インドやタイの大学が国際的な高等教育市場を見据えて、世界標準《グローバル・スタンダード》を充たすことを常に意識しながら改革に取り組んでいることへの好意的な評価である。

ただし、高等教育を含めた教育セクターは、基本的に国民国家における国民の形成に重要な役割を果たしているにもかかわらず、人や情報の移動を契機として高等教育の標準化が進むなかで、その国に特有の要素が希薄となり、必ずしも自国を支える人材の育成を推進するわけではないといった皮肉な状況も顕在化している。

アジアの大学の歴史をひもとくと、その起源がアジアであるといえるものは基本的にはなく、植民地支配などを通して、欧米で発展した大学モデルの影響を大きく受けてきた。とはいえ、その過程では、単純に欧米の大学モデルを移植したのではなく、それぞれの国に適した形で修正が加えられてきた。さらに時を経て、高等教育が社会に根づくにつれ、各国の独自性が生まれており、育成する人材像も国ごとに多様なものとなっている。したがって、アジア諸国の大学が二十一世紀の国際的な高等教育市場で生き残り、発展していくためには、世界標準を充たしつつも自国に特有の大学像を構築し、なおかつ欧米の大学との差異化を図るために「アジア」的な大学の特徴を描き出すことが欠かせない。

今日、アジアの各国・各地域で高等教育改革が積極的に進められるなか、アジアの大学の質が全体として上がっており、それに対して日本の大学のアジアにおける地位が相対的に低下しつつある。そうした状況において、日本の大学も日本標準の殻に閉じこもるのではなく、アジアの高等教育市場における日本の位置づけや役割を積極的に考えていくことで、真に「アジア」的さらには国際的な大学へと飛躍していくことが可能になるであろう。

本書は、アジア各国の高等教育に精通した研究者たちが、それぞれの研究対象とする国の高等教育改革の現状を紹介するなかで、アジアにおける高等教育の国際化や市場化がどのように進展しているのかを描き出している。それらの論考を通して、アジア各国がダイナミックに大学改革を進めている様相を伝えるとともに、日本の高等教育改革のあり方について考えるための新たな視点を提示することが、本書の目的である。

【参考文献】

Ｐ・Ｇ・アルトバック、馬越徹編、北村友人監訳『アジアの高等教育改革』玉川大学出版部、二〇〇六年。

馬越徹編『アジア・オセアニアの高等教育』玉川大学出版部、二〇〇四年。

ＯＥＣＤ教育研究革新センター・世界銀行編著、斉藤里美監訳『国境を越える高等教育―教育の国際化と質保証ガイドライン』明石書店、二〇〇八年。

黒田一雄「アジアの高等教育―市場化と国際化の中の自立的発展」『ワセダアジアレビュー』第四号、早稲田大学アジア研究機構、二〇〇八年。

平成二十一年度文部科学省先導的大学改革推進経費による委託研究・調査研究報告書「ACTS（ASEAN Credit Transfer System）と各国の単位互換に関する調査研究」研究代表者・堀田泰司、平成二十二年三月。

文部科学省平成二十年度国際開発協力サポートセンター・プロジェクト「アジアにおける地域連携教育フレームワークと大学間連携事例の検証」研究代表者・杉村美紀・黒田一雄、平成二十一年三月。

Altbach, P. G. and Balán, J. (eds.), *World Class Worldwide : Transforming Research Universities in Asia and Latin America*. Boltimore & London : The Johns Hopkins University Press, 2007.

第一章　中国（一）

―質の全体的な底上げと一流大学の形成を目指す教育大国―

京都大学大学院教育学研究科准教授
南《なん》部《ぶ》広《ひろ》孝《たか》

北京師範大学

急激な量的拡大

中国では、とりわけ一九九〇年代前半に社会主義市場経済体制への移行が宣言されて以降、社会体制の転換や急速に進むグローバル化に対応するため、大規模な高等教育改革が進められてきた。

そのうち最も大きな変化の一つは、量的拡大である（図1）。中国の高等教育機関は大きく普通高等教育機関と成人高等教育機関に分けられるが、前者については一九九九年から、国民の全体的な資質を高め、国家建設に必要な質の高い労働者や専門人材をいち早く育成することを目的として、進学者の大幅な増加が図られた。一九九八年から二〇一〇年までの一二年間で、機関数は一〇二二校から二三五八校へ大きく増加し、本科課程（学士課程）および専科課程（学位取得に至らない短期課程）の学生（以下、大学生）数は、普通高等教育を受ける大学生では一九九八年の三四〇万八七六四人から二〇一〇年には二二三一万七九二九人と六・五倍になっている。こうした大学生の量的拡大は、機関の新設とともに、既存機関が収容学生数を増やすことによってもたらされた。一機関あたりの大学生数は一九九八年の三三三五人から二〇一〇年の九四六五人へと約二・八倍になっている。学生増加への対応として、所在都市の郊外に大規模

図1　普通高等教育機関の機関数と在学者数の推移

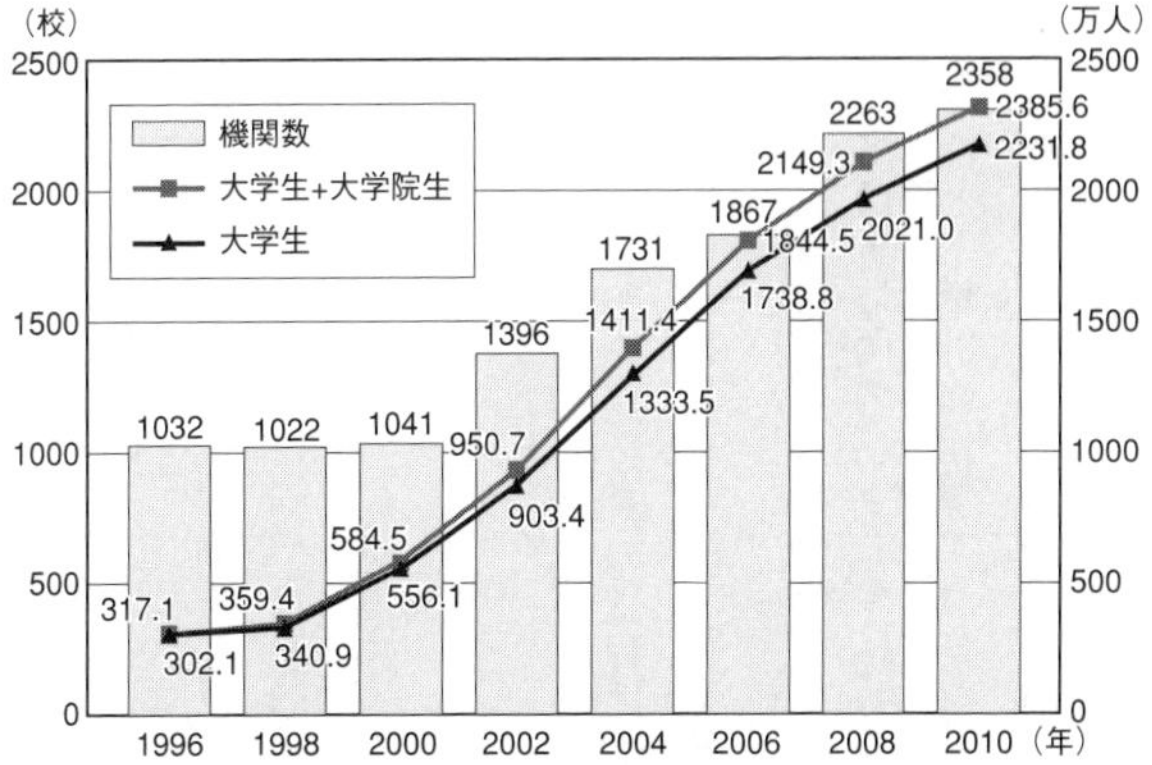

出典：2008年までの数値は『中国教育統計年鑑』（人民教育出版社、各年版）、2010年の数値は、中国教育部のホームページ http://www.moe.edu.cn/publicfiles/business/htmlfiles/moe/s6200/list.html。

な新キャンパスを建設している大学も多い。なお大学院段階の学生数は、同期間に一九万八三五六人から一五三万八四一六人へと、大学生数を上回る速度で増えている。

一九九〇年代以降認可されるようになった「民営高等教育機関」と呼ばれる私立セクターも、高等教育の量的拡大に一定の役割を果たしてきた。一九九八年には正式に認可された機関は二二校しかなかったが、二〇一〇年には六七四校にまで増加し、在籍学生数も四六六万四五三一人となり、機関数で二八・六パーセント、大学生数で二〇・九パーセントを占めるまでになっている。この他、国が承認する卒業証書を交付することのできない非正規の民営高等教育機関が八〇〇校あまり存在している。

中国にはこれ以外にも多様なタイプの大学生がいる。その一つは、普通高等教育機関および成人高等教育機関で通信制や夜間開講制など様々な形態で学習を進める成人高等教育を受ける学生であり、二〇一〇年には五三六万三八八人が在籍している。もう一つのタイプはインターネットを用いた遠隔教育で学ぶ学生である。このような教育は一九九八年に清華大学など四校での試験的実施が認可され、二〇〇一年以降は六八校が提供するようになっており、二〇一〇年時点でそうした遠隔教育の課程にあわせて四五三万一四四三人が在籍するまでになっている。以上をあわせると、大学生の総数は二〇一〇年時点で三二二二万人に達する。

中国では高等教育の規模を示す指標として「粗就学率」が用いられている。この数値の算出にあたっては各機関の在学者をはじめ高等教育を受ける多様な者が考慮されているので、日本の進学率などと単純に比較することは適切でない。ただしこの「粗就学率」を手がかりとすれば、その数値は一九九〇年の三・四パーセントから二〇一〇年の二六・五パーセントまで一貫して上昇してきており、中国高等教育が全体として拡大傾向にあることが確認できる。

自主権の拡大に伴う自立性の高まり

政府と高等教育機関との関係も大きく変化してきている。高等教育機関の自主権は一九八〇年代以降徐々に拡大され、一九九八年に制定された「中華人民共和国高等教育法」において、高等教育機関が法人格を持つことが明記されるとともに、教育・研究・社会サービスの活動や学生募集案の策定、設置専攻の調整、国際交流、内部組織の編成、財政管理などを各機関が主体的に行うことが規定された。また、中央政府が主管していた機関の多くが一九九〇年代後半に地方に移譲され、中央政府が北京大学や清華大学、北京師範大学、南京大学といった少数の拠点大学を直接管轄するのを除いて、高等教育全体をマクロに管理する体制へと移行した。一九九五年には一〇五四校ある普通高等教育機関のうち三分の一にあたる三五八校が中央政府の主管する機関だったが、わずか五年後の二〇〇〇年には一一六校（全体の一一・一パーセント）にまで減少し、二〇一〇年には一一一校（同四・七パーセント）となっている。これによって多くの機関は、所在地域との連携を強め、中央政府が策定した枠組みのなかで地域のニーズや自らの置かれた状況に対応した取り組みを展開することとなった。

さらに、授業料の徴収をはじめ、技術開発や校営産業による自己収入の創出、寄付の受け入れなど多様な資金調達ルートが認められるようになり、政府の財政支出に大きく依存する体制から、機関が資金の自己調達を踏まえて主体的に活動を展開する体制へと移ってきている。それに加えて上述した民営機関の量的拡大も、システム全体としてみれば資金調達ルートの多様化をもたらした。その結果、やや古いデータになるが、二〇〇六年には高等教育経費のうち政府の財政支出は四三パーセントを占めるのみで、残りの五七パーセントは授業料収入を含めた多様な財源によるものとなっている。一九九七年には政府の財政支出が全体の約四分の三を占めていたことを考えると、こうした傾向は急速に進んできたといえる。各機関の自立性を高める流れは現在まで続いており、高等教育の多様な展開を促す底流をなしている。

変わる大学の入口と出口

機関の自主性を高める動きおよび一九九九年以降の急速な量的拡大を背景として、高等教育の様々な側面で大きな変容が生じた。まず大学入学者選抜では、全国統一入学試験を基本としつつも、「三＋x」方式が採用され、省・直轄市・自治区（以下、省と略）を単位として試験科目が定められるようになった。「三＋x」とは語文（国語）、数学、英語の三科目の試験はすべての受験者が参加し、残りはそれ以外の科目から選択したり、複数の科目からなる総合科目を課したりする方式である。同時に、一部もしくはすべての試験科目を独自に出題する省も徐々に増えており、試験内容は多様化してきている。また、二〇〇三年からは「自主学生募集」（原語は「自主招生」）と呼ばれる制度が新たに導入され、同年には北京大学、清華大学、北京師範大学、浙江大学など二二校がこの制度による学生募集を行った。これは一度きりの試験の結果ではなく多様な評価に基づいて合格者を決定しようとするものであり、機関の自立性を高めようとするねらいもあった。導入されたのは、個々の機関が定めた出願条件と選抜方法によってあらかじめ合格候補者となった者が先述の全国統一入学試験で一定の成績を収めれば優先的に合格となるという制度である。近年は約七〇校でこの制度の試行が続いている。この他、科学オリンピックでの入賞者など優れた成果をあげた生徒を対象とする推薦入学（原語は「保送生」）制度も、一度の試験で入学者を選抜する弊害を克服する方法として実施されている。

また大学の出口に関しては、一九九〇年代後半以降卒業生の就職が従来の計画配分制から学生と企業等による相互選択制へと移行したことによって、高等教育機関は市場で「売れる」人材を供給すること、学生が市場に適応できるように教育することが求められ、学生も、学歴とともに知識や能力を確実に身に付けることが必要になった。特に、一九九九年からの急激な量的拡大が就職圧力を高め、その結果平均就職率が七〇パーセント程度になったことで、そうした傾向にはいっそう拍車がかかっている。そのため各機関は、学生に対する就職指導教育を強化するとともに、教育内容・方法の改革を通じて学生の総合的な資質や就職に必要な能力の育成に力を入れるようになった。一方政府の教育行政部門は、就職動向の誘導や高等教育機関内部での就職支援システムの構築、就職に対する社会的通念の転換の呼びかけなどを行いながら、二〇〇四年に就職待機卒業生の登録制度を設けたり、二〇〇七年にはネットワーク上で就職活動を行うことを目的とした「全国高等教育機関卒業生就職ネットワーク連盟」を人事部や労働保障部など中央政府の関連部門と共同で設立したりして、卒業生が順調に就職できるようにするための取り組みを進めている。

質の高い教育を目指す改革

さらに、教育内容・方法についてみると、一九九〇年代に専攻の幅が拡大されてより広い内容をカバーする教育課程の編成が行われるようになるとともに、特に一九九〇年代後半以降は

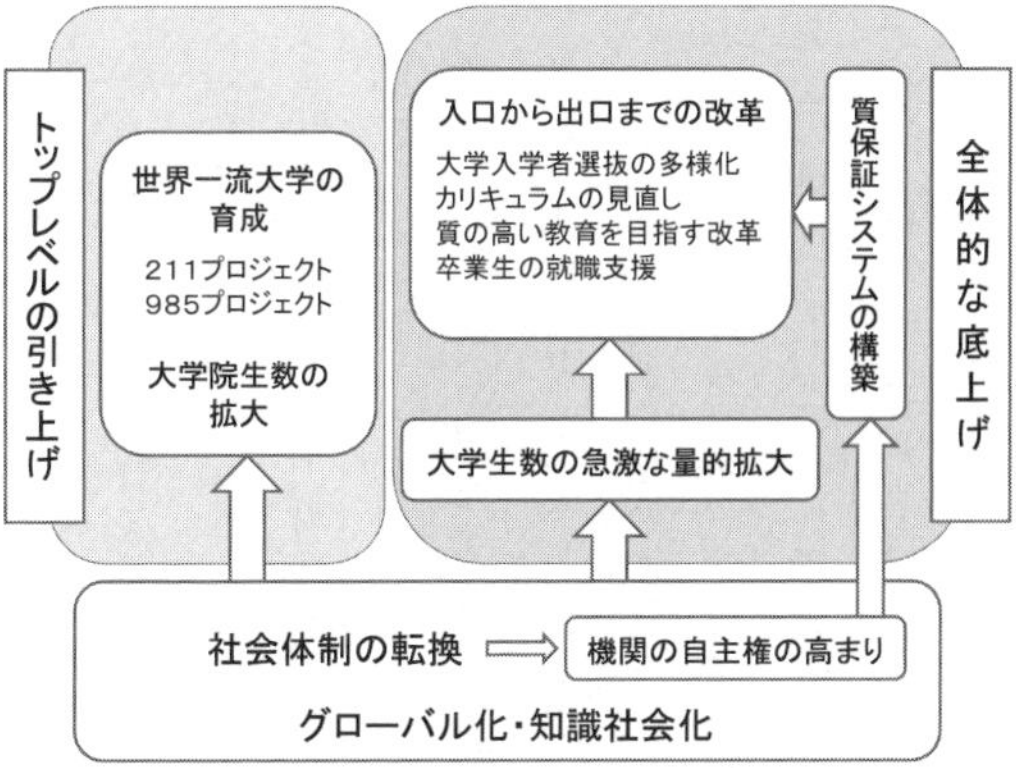

出典：筆者作成

「素質教育」の推進が提唱されたことを受けて、基礎教育科目の強化が図られ、選択科目の比率が高められた。また第二学位やダブル学位の取得が可能な教育課程や「副専攻」制の教育課程などが導入され、複合型人材の育成が目指されるようになった。二〇〇〇年代に入ると、創造的能力や実践能力がますます重視されるとともに、WTO加盟（二〇〇一年）の影響もあって国際通用性を意識した取り組みが進められ、徐々に、海外の教科書やカリキュラムが導入されたり、英語による教育や英語と中国語の二言語による教育が提供されたりするようになっている。

同時に教育の質の向上を図るための施策も進んでいる。二〇〇三年から「高等教育機関教学の質向上および教学改革プロジェクト」が始められ、同年から優秀科目の開発や大学英語教学改革、授業名教師の表彰、教学評価活動などが行われた。これを受けて二〇〇七年には「本科課程教学の質向上および教学改革プロジェクト」が正式にスタートした。これは、二〇〇六年から二〇一〇年までの五年間で、高等教育で最も中核となる本科課程の教育水準を向上させることを目的とし、①専攻構造の調整、②優れた科目・教材の開発、③実践的教育内容と人材養成モデルの改善、④優秀な教員集団の育成、⑤教学評価や教学状況に関する基本データの公表、⑥西部地域の高等教育機関への支援の六つの項目から構成されている。政府はこの期間に、普通高等教育機関への財政支出の約〇・五パーセントに相当する二五億元（当時のレートで約三七五億円）をこのプロジェクトに投じることになっており、一万五〇〇〇名の創造的な実験を行う学生への財政支援、一万種類の質の高い教材と三〇〇〇の国レベルの優秀科目の開発、三〇〇〇の特色ある専攻の指定、一〇〇〇名からなる国レベルの教員集団の選抜、五〇〇の教学実験モデルセンターと五〇〇の人材養成モデル改善実験区の設置、五〇〇の国レベルの二言語教学モデル科目の開発、五〇〇名の国レベルの授業名教師の表彰といった具体的な数値を伴う目標が設定された。

質保証システムの展開

これに加えて、質保証がこれまで以上に求められるようになったことも大きな変化である。その取り組みの一つとして本科課程教学評価がある。二〇〇三年に策定された「二〇〇三―二〇〇七年教育振興行動計画」のなかで「高等教育機関の教学の質と教学の改革に関するプロジェクト」の実施があげられて教学の質の評価・保証のメカニズムをより完全なものにすることが示され、五年を周期とする評価制度が二〇〇四年から始まった。

本科課程教学評価の原則は、「評価によって改革を促し、評価によって整備を促し、評価によって管理を促し、評価と整備を結びつけ、整備に重点をおく」ことである。七つの評価項目が設定され、それぞれについてより具体的な評価内容が示されるとともに、それとは別に「特色項目」が設けられて各機関の独自性にも配慮されている。評価項目には教学活動に関連した管理のあり方や管理者集団の状況も含まれており、教学活動に焦点を当てつつも機関全体の運営水準の向上までが評価対象となっている。各項目についてA～Dの評価が与えられ、最終的に、全体の基準に照らして「優秀」、「良好」、「合格」といった総合評価が示された。

評価の手順は、①機関が自ら教学活動の成果や長所、特色、また教学活動の弱点や問題点を明らかにする自己評価、②見学、授業参観、座談会の開催、質問紙調査の実施、資料の閲覧、教学の効果に関する検査（筆記試験）の実施など多様な方法を用いた専門家グループによる視察、③専門家の意見を踏まえて一年間で実施する全体的な改善、となっている。最後の③全体的改善は、総合評価が「優秀」であっても一年間をかけて取り組まなければならない。このように改善の実施がプロセスの一部に組み込まれている点はこの評価の特徴の一つである。

第一期の評価は二〇〇八年十月までに終了した。評価主体が単一であるとか、評価活動が相対的に閉鎖的である、評価の枠組みが画一的であるといった批判もあったが、教学評価は高等教育に携わる者や広く社会によって肯定的に受け入れられているとの総括がなされている。現在、次のサイクルの教学評価に向けて評価方法や評価指標の見直しが進められ、新たな仕組みが提示されつつある。

世界一流大学の形成に向けた取り組み

全体的な質の底上げと並行して、国としての国際競争力の向上を目指した世界一流大学の形成も図られている。そうした取り組みの一つである「２１１プロジェクト」は一九九五年に正式に始まり、一〇〇校程度の機関を重点的に整備して世界のトップレベルに近づき追いつくことを目指すものである。二〇〇六年に第二期までの総括が行われ、大学院生の養成数や科学研究費獲得額、ＳＣＩ論文発表数、博士学位を有する教員の比率などが一〇年間で大幅に増加・向上し、世界の一流大学との距離は明らかに縮まったとその成果が強調された。二〇〇七年から第三期のプロジェクトが進行しており、創造的人材の育成と教員集団の拡充に重点が置かれている。二〇一一年時点で対象となっているのは一一九校である。

もう一つの取り組みとして、一九九九年に始まった「９８５プロジェクト」がある。一部の機関にいっそう重点的な財政配分を行うことによって世界のトップレベルにある一流大学と一流の専門分野を作り出すことが目標とされ、まず北京大学と清華大学の二校が選ばれた。その後対象大学は徐々に増え、現在三九校が関わっている。二〇〇四年から始まった第二期では、管理運営体制の改善、教員集団の拡充、科学研究拠点の整備、教育研究条件の充実、国際交流の強化などを目指した活動が展開され、現在まで継続的に推進されている。

急速な量的拡大を進める中国は、高等教育機関の自立性の向上も背景としつつ、様々な改革を実施してきた。それらは各機関の多様な取り組みを含んでいるが、同時に政策的な誘導を伴う政府の意向の反映でもある。他方で、上述した就職圧力の高まりだけでなく、教育条件の悪化、発展の地域間格差・機関間格差の広がり、高等教育全体の構造の不均衡といった問題も顕在化してきている。二〇二〇年までの発展戦略を描いた「国家中長期教育改革・発展計画要綱（二〇一〇―二〇二〇年）」（二〇一〇年公表）では、いっそうの量的拡大とともに、質の向上、構造の調整、各機関の特色のいっそうの発揮といった方針が示されている。こうした施策が顕在化した問題をどのように解決していくのか、高等教育大国中国の今後の展開に注目したい。

【参考文献】

大塚豊「中国　大衆化の実現と知の拠点形成」馬越徹編『アジア・オセアニアの高等教育』玉川大学出版部、二〇〇四年。
大塚豊『中国大学入試研究　変貌する国家の人材選抜』東信堂、二〇〇七年。
南部広孝『中国高等教育独学試験制度の展開』東信堂、二〇〇九年。

第二章　中国（二）

—国家戦略としての国際教育交流の振興—

神戸大学国際教育総合センター准教授
黒《くろ》田《だ》千《ち》晴《はる》

南京大学

改革開放三〇周年を迎えた中国の国際教育交流

一九七八年、鄧小平のリーダーシップにより開始された改革開放政策は、二〇〇八年に三〇周年を迎えた。改革開放政策、特に一九九二年の社会主義市場経済体制への移行は、中国の高等教育システムにも変革を迫り、高等教育の規模の拡大による大衆化、規制緩和と競争原理の導入による市場化、そして国際化の進展をもたらした。この三〇年あまりの間、中国の国際教育交流は、規模の拡大、交流形態の多様化、教育プログラムの質の向上などあらゆる面において大きな発展を遂げた。また、近年、中国政府は、教育の対外開放を積極的に進め、国際教育交流を推進し、諸外国の先進的な教育プログラムを取り入れるのと同時に、自国の教育、言語、文化の伝播にも国をあげて取り組んでいる。

二〇一〇年七月には、中国共産党中央委員会・国務院より、今後一〇年にわたる中国の教育改革・発展戦略を記した『国家中長期教育改革・発展計画綱要（二〇一〇―二〇二〇年）』（以下、『教育計画綱要』）が、公布・施行された。『教育計画綱要』の第一六章、「教育の開放を拡大する」において、中国政府は、国際教育交流および国際教育協力の強化、外国の優れた教育資源の導入、著名な研究者および海外に滞在する中国人研究者の中国への誘致、諸外国政府との学歴・学位の相互認証の拡大、教育交流業務の質の向上、中国の高等教育機関の海外進出の拡大、孔子学院プロジェクトなど、海外における中国語教育の振興、派遣留学制度の整備、外国人留学生受け入れの拡大など、今後の国際教育交流の政策方針を示している(1)。

以下、本章では、世界第二位の経済大国として、ますます国際社会での存在感を増す中国のダイナミックに展開する国際教育交流の現状を検証する。

海外留学者の増加「留学を支持し、帰国を奨励、往来は自由」

中国政府は、高度人材育成の有効な手段として、建国当初から留学政策を重要な国家戦略として位置づけ、自然科学分野を中心に、少数の選ばれたエリート学生を公費で派遣してきた。一九五〇～六〇年代には、東欧諸国やソ連などの社会主義諸国へ、改革開放政策期以降は、アメリカ、日本などの西側先進諸国へ、少数の選ばれたエリートが国家の期待を一身に背負い海外へと赴いた。

また、私費留学についても、改革開放政策が導入された一九七八年以降、紆余曲折を経つつも徐々に規制が緩和された。一九九二年の社会主義市場経済体制への移行を経て、翌一九九三年、第八回全国人民代表大会において、当時の李鵬首相が「留学を支持し、帰国を奨励し、往来は自由（支持留学、鼓励回国、来去自由）」と、派遣留学の政策方針を発表した。この政策方針を受けて、飛躍的な経済成長に伴い、一般の市民の間で高等教育や留学に対する需要が急速に高まったことなどを背景に、海外留学者数は年々増加、中国教育部の発表(2)によると、改革開放政策が始まった一九七八年から二〇一一年末の三三年間に海外に留学した中国人総数は二二四万五一〇〇人に上る。世界の留学交流において、中国は常に主要送り出し国として上位にランクしており、昨今では、いかにして優秀な中国人学生を獲得するか、諸外国がしのぎを削っている。

「頭脳流出」から「頭脳還流」へ

派遣留学が拡大するなかで問題となるのは、留学生として海外へ赴き、そのまま留学先国、あるいは第三国に留まる未帰国者の増加、いわゆる「頭脳流出」である。中国でも、一九八〇年代以降、海外留学者数が増加するにつれ、「頭脳流出」の問題が取り沙汰されるようになる。特に、一九八九年六月四日に発生した天安門事件の影響もあり、留学先国の永住権を取得する

図表1　中国の留学交流　派遣・受け入れ学生数の推移

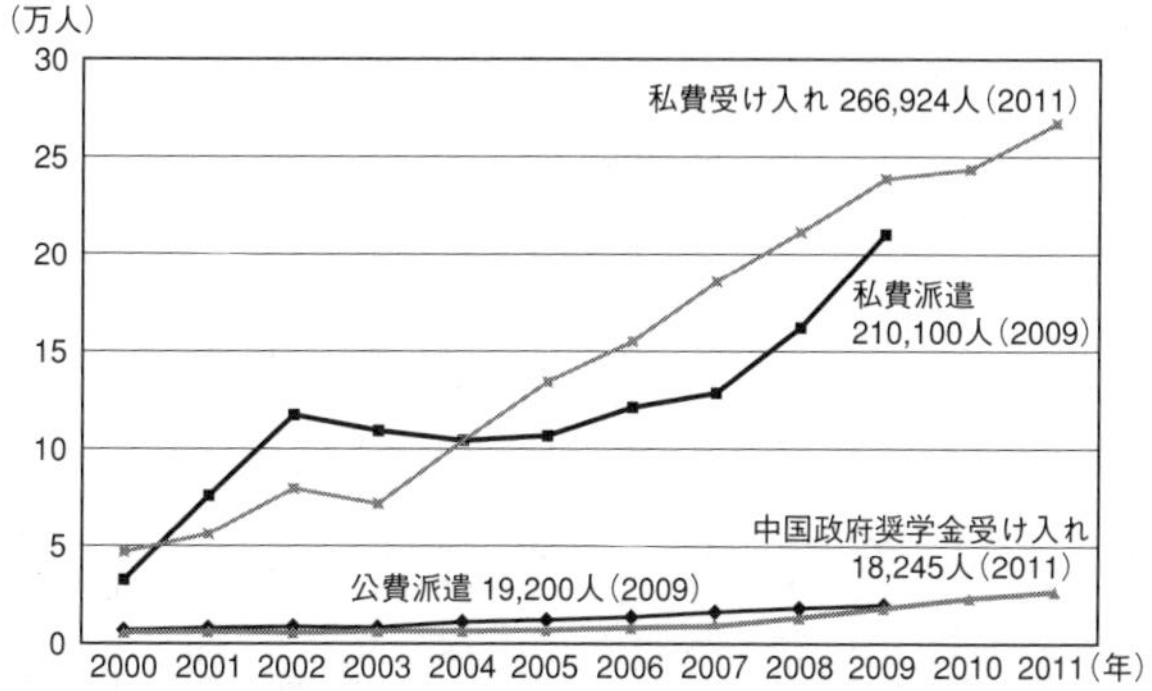

出典：『中国教育年鑑』各年度版および中国教育部ホームページを参照し作成

中国人留学者が急増するなど、「頭脳流出」の問題が顕在化した。このような「頭脳流出」の問題に対し、中国政府は、海外留学経験のある高度人材を中国国内に呼び戻し、活躍の場を与えるべく、様々な帰国奨励策、海外留学者に対する優遇策を講じている。[3]

例えば、一九九〇年より、留学帰国者が、帰国直後から速やかに研究活動に従事できるよう「留学帰国者研究初動基金」が設立されており、二〇〇九年度に同基金の助成を受けた留学帰国者は一二六六人に上っている。[4]一九九六年に教育部によって制定された「春暉計画」[5]は、海外で博士学位を取得し、専門領域で顕著な業績をあげた海外留学者を対象とした助成制度で、中国国内での共同研究、学術・教育交流、国際会議への参加や、技術協力などの活動に対し、財政的支援を行うものである。また、一九九四年から、人事部、科学技術部、教育部、外国専門家局による留学帰国者の起業を支援する取り組みとして、「留学人員創業園」と呼ばれる特区が全国の主要都市に設置されており、税制面、配偶者や子どもの戸籍、住宅購入や子どもの教育といったあらゆる面での優遇策を打ち出している。

このような中国政府の積極的な「頭脳還流」政策に加えて、順調な経済成長と社会の安定、中国国内のインフラの整備が進んだこともあり、留学帰国者は着実に増加している。二〇一一年の教育部の統計によると、二〇一一年度の留学帰国者数は一八万六二〇〇人、一九七八年の改革開放以後留学帰国者累計は八一万八四〇〇人に上る(6)。

中国政府は、優秀な中国人留学者に対して、様々な形態で帰国奨励策を講じているが、二〇〇〇年代以降、政府レベルの帰国奨励策では、専門分野で高い業績をあげている海外の大学の博士号取得者、あるいは同等以上の実績のある「最優秀」な人材を主たる対象としており、多数を占める外国の大学の学部卒業生に対しては、国家ではなく、地方政府レベルで帰国奨励策が実施されている(7)。また、昨今では、帰国奨励策を推進すると同時に、留学先国や第三国に定住して帰国しない者も含めて、留学先国や第三国において、中国とのパイプを維持しながら様々な分野で活動することも「頭脳還流」の一環として奨励しており、より柔軟な人材活用を図るための施策も実施されている。

数千人の大学院生を世界の一流大学へ——公費派遣留学の拡大

中国人留学者の約九割は私費留学生であるが、近年、中国政府は、帰国率の極めて高い公費派遣留学を拡充する政策を打ち出している。特に注目を集めているのが、二〇〇七年一月に始動した公費派遣留学プロジェクト「国家建設高水平大学公派研究生項目」（英語の名称は、Post-graduate Study Abroad Program：ＰＳＡＰ、以下、ＰＳＡＰと記す）であり、中国国家留学基金管理委員会（China Scholarship Council：ＣＳＣ、以下ＣＳＣと記す）が、ＰＳＡＰの申請、選抜等の実務を主管している。ＣＳＣは、一九九六年六月に設立された中国教育部直属の非営利法人で、中国政府の政策方針のもと、中国人学生の国家公費派遣留学および外国人留学生を対象とした中国政府奨学金業務を主管する機構である。

ＰＳＡＰは二〇〇七〜一一年の五年間に毎年五〇〇〇人の大学院博士課程レベルの学生を世

界の一流大学の一流の指導教授のもとに派遣するという壮大な公費派遣留学プロジェクトであり、二〇一一年に当初予定の五年間を終えたが、二〇一二年以降も継続されることとなった。二〇一二〜一六年の五年間を第二期とし、派遣者数は第一期の五〇〇〇人から千人増加、毎年六〇〇〇人が派遣される予定である。重点派遣分野は、エネルギー、資源、環境、農業、製造業、情報技術、生命科学、宇宙工学、海洋、ナノテクノロジーなど、いずれも今後、中国の科学技術発展の鍵を握る分野であり、中国政府の戦略的意図が明確に現れている。派遣学生は、海外の大学院博士課程に正規生として在籍し、留学先大学で博士号の取得を目指す博士学位大学院生（年二五〇〇人派遣）と、中国の大学に学籍を保持し、六〜二四ヵ月間、海外の大学で研究に従事する連合育成博士大学院生（年三五〇〇人派遣）の二種類がある。(8)

第二期の主たる変更点は、博士学位大学院生の応募要件が緩和されたことである。第一期では、応募要件として、ＣＳＣと契約を締結した中国の高等教育機関六〇校（香港、マカオ、台湾を除く）に在籍している修士課程の学生に限定していた。第二期では、中国国内（香港、マカオ、台湾を除く）のすべての高等教育機関に在籍している学生、および既卒者も募集対象となった。また、現在すでに外国の高等教育機関の博士課程に在籍している私費中国人留学生も募集対象となった。

ＰＳＡＰは、中国側が渡航費、奨学金生活費を支給し、原則として、受け入れ側の海外の大学に授業料免除、あるいは授業料の負担を求めるという形態を採る。優秀な中国人学生の獲得競争が激化するなか、アメリカ、オーストラリア、シンガポール、そして日本の大学のなかには、ＰＳＡＰを優秀な中国人学生を獲得する好機として捉え、本制度を活用し積極的に中国人学生をリクルートしている大学が多数みられる。

また、二〇一二年には、２１１プロジェクトおよび９８５プロジェクトの選定校に在籍する学部生一〇〇〇人を短期間（三〜一二ヶ月間）派遣する、優秀学部生国際交流プログラムが試験的に実施される予定である。

ＰＳＡＰを含め、公費で派遣された中国人留学生は、留学修了後、速やかに帰国し、最低二年間中国国内に滞在して、国家に貢献することが義務づけられている。中国では、有人宇宙飛行の成功にみられるように、宇宙工学分野の発展が目覚ましいが、中国の宇宙開発プロジェクトに携わっている科学者の多くが、国家留学基金管理委員会によって派遣された公費留学生で、彼らのような帰国留学者が中国の科学技術の発展に大きな貢献をもたらしている(9)。

拡大するトランスナショナルプログラム――「中外合作弁学」の展開

中国政府は、このような従来型の留学交流だけでなく、一九九〇年代初旬より、海外の教育機関と中国の大学との連携による教育プログラムの開発に関する各種法規を制定するなど、中国国内におけるトランスナショナル教育の拡大を支持している。海外の教育機関（あるいは個人）と中国の教育機関の共同運営による教育プログラムの提供は、中国語で「中外合作弁学」と称される。中国政府は、「中外合作弁学」を通じて、海外の優れた高等教育プログラム、特に中国の高等教育で補いきれない分野の教育プログラムを積極的に取り入れ、国際的な分野で活躍できる高度な人材を育成すると同時に、中国の高等教育の国際化を促進し、高等教育の質の向上を図ることを目指している。WTO加盟後は、情報科学や経営管理、国際ビジネス等の専門家を育成する高度専門教育プログラムの増加が顕著である。トランスナショナルプログラムには、学位の授与を伴うものと、学位の授与を伴わないものの二種類があるが、近年は、学位の授与を伴うプログラムの増加が目覚ましい(10)。教育部は、二〇〇九年八月に、学位の授与を伴う中外合作弁学プログラムの審査に関する新たな規定を制定しており、中外合作弁学の質保証体制の整備にも取り組んでいる(11)。

留学生受け入れ大国としての中国——二〇二〇年までに五〇万人の留学生を受け入れ

中国を留学先として選ぶ外国人留学生の数も急速に増加している。一九九〇年代以降、中国経済の順調な発展、諸外国における「中国通」の人材に対する需要の高まりなどを背景に、私費の語学留学生を中心に、中国留学者数が急増した。受け入れ側の中国政府や中国の大学が、留学生の受け入れによってもたらされる経済効果や、中国語・中国文化の世界的な普及を目指して積極的な留学生受け入れ拡大策を講じたことも、留学生増加の要因である。また、中国政府は、私費の語学留学生の受け入れだけでなく、建国以来、政治的・外交的に重要な結びつきをもつ中央アジアの産油国やアフリカ諸国からの留学生に対して政府奨学金を提供し、学部や大学院の正規課程で受け入れるなど、経済、文化、外交政策を視野に入れた戦略的な留学生受け入れ政策を実施している(12)。

二〇一〇年七月に『教育計画綱要』が公布・施行されたのを受けて、中国教育部は、「中国留学計画」を正式に発表、二〇二〇年までに延べ五〇万人の留学生を受け入れ、アジア最大の留学生受け入れ国とするという発展計画を発表している。「中国留学計画」の発展目標を、「我が国の国際的地位、教育規模および教育水準に適応する留学生事業とサービス体系を建設し、大量のハイレベルな留学生教育に従事する教員を育成、中国の特色を生かした外国人留学生教育を実施する大学集団と、ハイレベルな学科集団を形成し、大量の中国の事情に詳しく中国に友好的な素質の高い留学生を育成すること」とし、目標実現に向けた具体的な施策として、「留学政策、法規、制度の整備、留学生の管理体制とサービスの拡充、新入生募集方法の改革、中国の特色を生かした、また国際的に競争力のある学位プログラムを重点的に支援し、国際的影響力を高めること、教師の育成、評価方法の改革、教育の質評価システムの構築と教育の質の改善、保障等」をあげている(13)。また、中国教育部は、「中国留学計画」の発表と同時に、「中国留学計画プロジェクト進行表(14)」を発表し、高等教育機関で学歴教育(15)を受ける留学生数を二〇二〇年までに一五万人(実数)とする、高等教育段階において、留学生教育のモデル基地を毎年一〇カ所増設すること、中国語を教授言語とする競争力のある専攻課程(16)を毎年五〇カ所増設することと、英語を教授言語とする競争力のある専攻課程を三年ごとに五〇カ所増設するなど具体的な数値目標を掲げている(17)。

また、中国政府は、「"十二五(18)"期間に中国政府奨学金規模を拡大することに関する報告」のなかで、"十二五"の期間、中国政府奨学金の経費は、一〇〇億元を下回らず、二〇一五年には、中国政府奨学金生の人数を五万人にまで拡大するという政策方針を表明している。[19]

中国語を「世界語」へ――孔子学院プロジェクト

中国政府は、留学生に対する中国語教育だけでなく、海外における中国語教育の普及にも力を入れている。中国政府は、「二〇〇三―二〇〇七年教育振興行動計画」において、「対外中国語教育を推進・拡大し、積極的に国際教育市場を開拓する。」との方針を表明、「中国語ブリッジプロジェクト五ヵ年計画」の実施を計画した。「中国語ブリッジプロジェクト五ヵ年計画」の趣旨は、「世界に中国語を広め、世界各国の中国に対する理解と友好を深め、世界における中国の影響力を拡大する」ことであり、「中国語を世界の主要な国家・地域に可能な限り広く深く伝播し、中国語を外国の学校教育課程の重要な外国語の一つとなるよう働きかける。五年以内に、世界各国における中国語学習者数が一億人に達するよう努め、中国語を二十一世紀の新しい国際言語にするよう働きかける。」との目標を表明した。[20]

中国語ブリッジプロジェクトの目玉として注目されるのが、「孔子学院」構想である。「孔子学院」とは、中国の大学と外国の教育機関との連携により、海外に設置される中国語教育機関で、中国語教育、中国語教師の養成、中国語教育教材の開発、中国語能力テストおよび中国語教師資格の承認、中国の教育や文化に関する情報提供、文化交流の活動などを行っている。孔子学院の総本部は、国家漢弁[21]に置かれており、孔子学院総本部が、世界各地の孔子学院を統括している。孔子学院は、二〇〇四年に韓国ソウルで開講されたのを皮切りに、世界各地で矢継ぎ早に開講され、二〇一一年八月末の時点で、三五三校の孔子学院、四七六校の孔子課堂、合計八二六校が一〇四の国と地域に設置されている[22]。

日本では、二〇〇五年十月に立命館孔子学院が京都に設立された後、二〇〇六年二月に愛知大学孔子学院、二〇〇六年三月に桜美林大学孔子学院が相次いで開講され、早稲田大学孔子学院、北陸大学孔子学院、札幌大学孔子学院など、一八校の孔子学院が設置されている。なお、二〇一〇年の世界各地における孔子学院・孔子課堂の分布をみると、アメリカに二八七校、イギリスに七〇校、カナダに二五校、ロシアに二〇校となっており[23]、アメリカに設置されている孔子学院数が群を抜いて多い。中国政府および中国の教育機関が、同国における中国語・中国文化の普及・伝播をいかに重視しているかの表れであろう。

図表２　中国の国際教育政策の動向

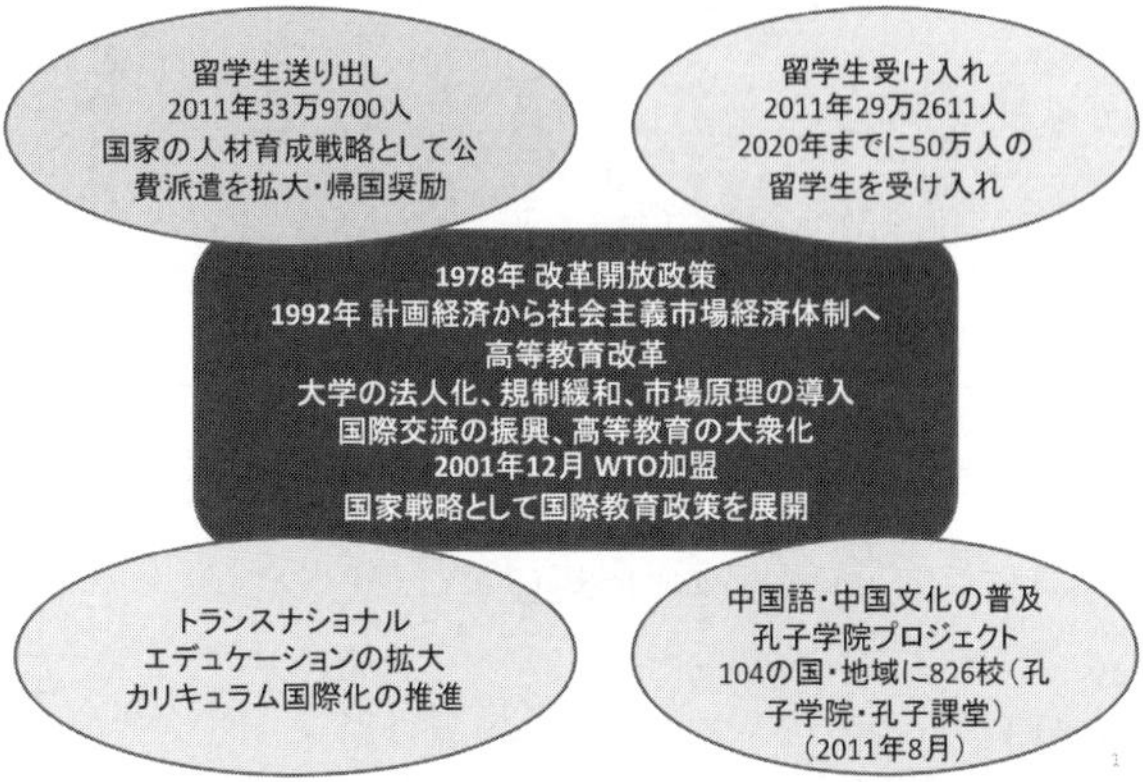
留学生送り出し
2011年33万9700人
国家の人材育成戦略として公費派遣を拡大・帰国奨励
留学生受け入れ
2011年29万2611人
2020年までに50万人の留学生を受け入れ
1978年 改革開放政策
1992年 計画経済から社会主義市場経済体制へ
高等教育改革
大学の法人化、規制緩和、市場原理の導入
国際交流の振興、高等教育の大衆化
2001年12月 WTO加盟
国家戦略として国際教育政策を展開
トランスナショナル
エデュケーションの拡大
カリキュラム国際化の推進
中国語・中国文化の普及
孔子学院プロジェクト
104の国・地域に826校（孔子学院・孔子課堂）
（2011年8月）

出典：筆者作成

国際高等教育市場で存在感を高める中国の大学

二〇一〇年、遂に日本を抜いて世界第二位の経済大国となった中国は、その著しい経済成長を背景に、国際高等教育の分野においても、ますます存在感を増している。従来、中国は、国際教育交流において、自国の学生の海外留学や中国国内におけるトランスナショナル教育の導入など、いわゆる外国の教育の「輸入」に力を入れてきたが、近年は、留学生の受け入れや、海外における中国語教育の普及など、中国の教育の「輸出」を急速に拡大している。折しも日本では、留学生受け入れ三〇万人計画が打ち出されているが、中国は同じ東アジアに位置する主要留学生受け入れ国であり、また、日本への最大の留学生送り出し国でもある。中国の国際教育政策の動向を、今後も引き続き注視していくことが、ますます重要になると思われる。

【注】

（1）「国家中長期教育改革和発展規画綱要（二〇一〇―二〇二〇年）」は、以下の中華人民共和国教育部ホームページに全文が掲載されている。http://www.moe.edu.cn/publicfiles/business/htmlfiles/moe/moe_177/201008/93785.html（二〇一二年三月八日アクセス）

（2）中華人民共和国教育部「二〇一一年度我国出国留学人員状況統計」（二〇一二年二月十日発表）http://www.moe.edu.cn/publicfiles/business/htmlfiles/moe/s5987/201202/130328.html（二〇一二年三月一日アクセス）

（3）中国の中央政府・地方政府による海外留学者に対する帰国奨励策は、白土（二〇一一）が詳細に検証している。

（4）『中国教育年鑑二〇一〇』、四四〇頁。

（5）「春暉計画」の全称は、「教育部資助留学人員短期回国工作専項経費」であり、海外に在住する中国人研究者は、中国の在外公館（大使館・領事館）を通して、申請することとなっている。最新の「春暉計画」の募集要項、申請手続きの詳細については、中華人民共和国駐美国（米国）大使館教育処等、中国の在外公館教育処のホームページで確認出来る。

中華人民共和国駐美国（米国）大使館教育処ホームページ http://www.sino-education.org/studyinchina/govscholar.htm（二〇一二年三月八日アクセス）

（6）中華人民共和国教育部「二〇一一年度我国出国留学人員状況統計」（二〇一二年二月十日発表）http://www.moe.edu.cn/publicfiles/business/htmlfiles/moe/s5987/201202/130328.html（二〇一二年三月一日アクセス）

（7）白土（二〇一一）、五二九頁。

（8）二〇一二年度PSAPの募集の詳細については、以下のCSCのホームページを参照のこと。http://www.csc.edu.cn/Zhuanti/d0f98c54383d46d49d8924c0cd49f735.shtml（二〇一二年三月一日アクセス）

（9）中国政府の公費派遣留学政策については、大塚（二〇一〇）、白土（二〇一一）を参照。

（10）中国におけるトランスナショナルエデュケーション（中外合作弁学）の展開については、

Huang, F（二〇〇七）、Yang, R（二〇〇八）を参照。

(11)『中国教育年鑑二〇一〇』、四四四頁。

(12) 二〇〇〇年代以降の中国政府奨学金政策の動向については、黒田（二〇一〇）を参照。

(13)『留学中国計画』中華人民共和国教育部、二〇一〇年九月二十一日発布。

(14)『留学中国計画分項目工作進程規劃表』中華人民共和国教育部、二〇一〇年九月二十一日発布。

(15) 中国では、留学生に対する教育を、学歴教育と非学歴教育の二種類に分類している。学歴教育は、本科（学部相当）、碩士（大学院修士課程相当）、博士（大学院博士課程相当）の学位課程における教育で、非学歴教育は、普通進修生（学部研究生相当）、高級進修生（大学院研究生相当）、研究学者などの身分がある。

(16) 中国語では、「品牌専業」と記されている。中国語の「品牌」は、通常日本語で「ブランド」と訳される。「専業」は、日本の大学等における専攻・学科に相当する。「品牌専業」を直訳すると「ブランド専攻・学科」となるが、ここでは意訳し、「競争力のある優れた専攻・学科」とした。

（17）「中国留学計画」の詳細については、黒田（二〇一〇）を参照のこと。
（18）第十二次五カ年計画の略称。
（19）「綱要一周年・到二〇二〇年成亜州最大留学目的地国」人民網二〇一一年八月十八日 http://edu.people.com.cn/h/2011/0818/c227696-3819636460.html#（二〇一二年三月一日アクセス）
（20）国家対外中国語教学指導班（二〇〇四）、一一頁。
（21）国家漢弁は、中国教育部直属の機構で、対外中国語教育政策の策定、諸外国における中国語の普及、教育機関が諸外国で提供するあらゆるレベルの中国語プログラムのサポート、中国語教学の国際標準の策定、および中国語教材の開発等を担っている。国家漢弁ホームページ http://www.hanban.org/hb/（二〇一二年三月一日アクセス）
（22）孔子学院総本部ホームページ http://www.hanban.edu.cn/hb/node_7446.htm（二〇一二年三月一日アクセス）
（23）国家漢弁暨孔子学院総部（二〇一一）、二頁。

【参考文献】

【日本語】

大塚豊「国家戦略としての中国の留学政策」『中国二一』三三号、愛知大学現代中国学会、二〇一〇年。

黒田千晴「中国の留学生教育政策―二一世紀における留学生受け入れ大国―」『中国二一』三三号、愛知大学現代中国学会、二〇一〇年。

黒田千晴「中国の留学生政策―人材資源強国を目指して―」ウェブマガジン『留学交流』二〇一一年四月号、日本学生支援機構、二〇一一年。

白土悟『現代中国の留学政策―国家発展戦略モデルの分析―』九州大学出版会、二〇一一年。

杉村美紀「アジアにおける国家・個人の留学戦略と多様化する留学生移動」『中国二一』三三号、愛知大学現代中国学会、二〇一〇年。

【英語】

Huang, F. Internationalization of Higher Education in the Developing and Emerging Countries:

A Focus on Transnational Higher Education in Asia. *Journal of Studies in International Education, Vol.11, November 3/4 Fall/Winter*, 2007.
Yang, R. Transnational Higher Education in China : Contexts, Characteristics and Concerns. *Australian Journal of Education*, 52, 2008.

【中国語】
国家対外中国語教学指導班『国家漢弁年鑑二〇〇三』国家対外中国語教学指導班、二〇〇四年。
国家漢弁暨孔子学院総部『国家漢弁暨孔子学院総部二〇一〇年度報告』、国家漢弁暨孔子学院総部、二〇一一年。
中国教育年鑑編纂部『中国教育年鑑』各年度（二〇〇〇～二〇一〇）版、人民教育出版社。

第三章　韓国

――競争環境の再編と大学評価情報公開・活用の強化――

長崎大学教育学部准教授
井《い》 手《で》 弘《ひろ》 人《と》

高麗大学校本館（1934年竣工）

続く大学の統合・再編

大学全入時代に入った二〇〇三年を境に、韓国政府はさかんに大学の統合・再編を誘導するようになった。ここ数年で政府は「退出制度」という言葉を用い、定員充足率が悪い大学については大学経営自体からの撤退を求める方針を明確化するようになった。その危機感の背景は、統計をみると一目瞭然だ。図表1にあるように、二〇〇三年から定員充足率が一〇〇パーセント前後で安定している首都圏大学に対し、非首都圏大学（特に私立）は、継続的な定員減の努力にもかかわらず慢性的な定員未充足の状況が続いているほか、二〇〇九年度に至っては非首都圏国立大学の充足率が急減するなど、特に地方大学において定員未充足と不安定状況が定着している現状にある。

さらに深刻なのは、短期高等教育機関である専門大学の首都圏―非首都圏格差である。図表2は専門大学および四年制大学の地域別定員充足率である。これに明らかなように、四年制大学より専門大学の定員充足率について、首都圏と非首都圏の格差がより深刻な状況にある。

四年制大学の縮小について「先導役」を担ってきたのは国立大学、とりわけ地方国立大学だった。政府は「国立大学構造調整事業」を展開し、統合を実現した大学には大規模なインセ

図表１　韓国四年制大学の定員充足率（2002～2009年）

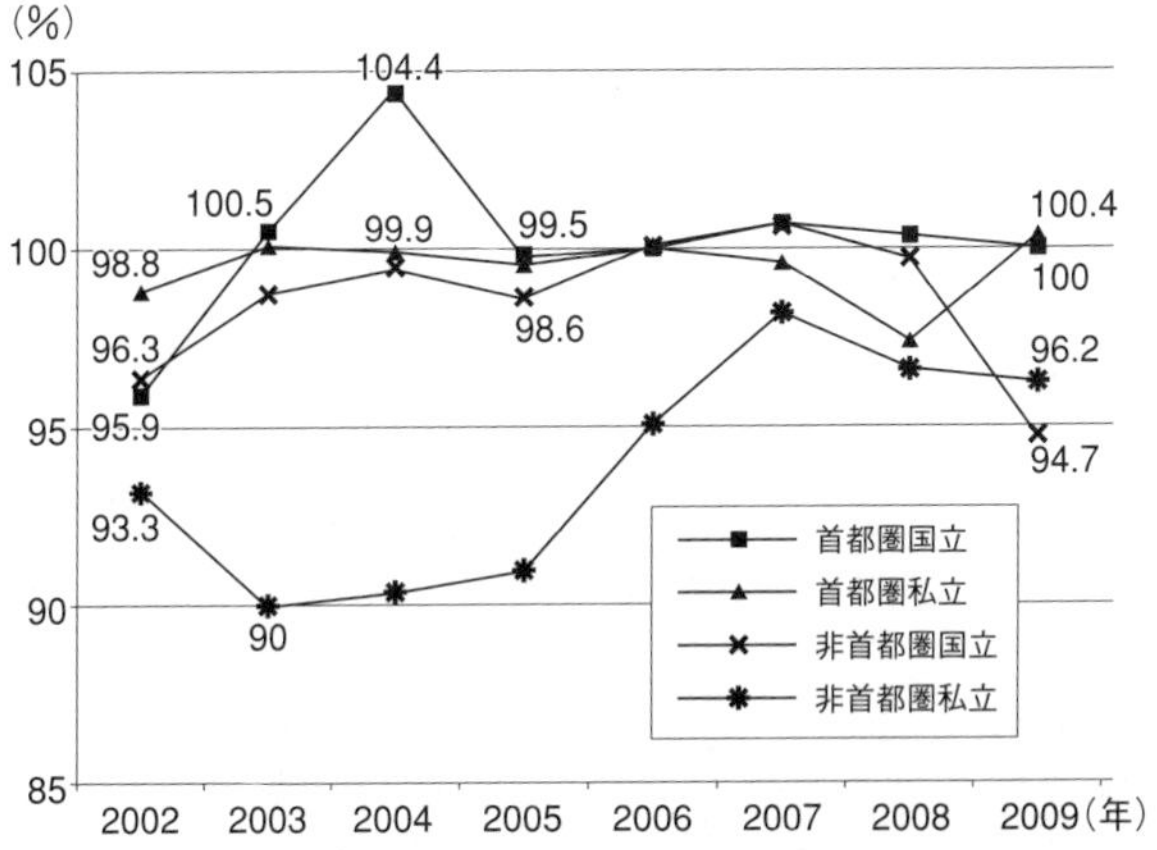

（韓国教育開発院『教育統計分析資料集』2009年版より作成）

図表２　地域別定員充足率状況
（2009年、専門大学・四年制大学）

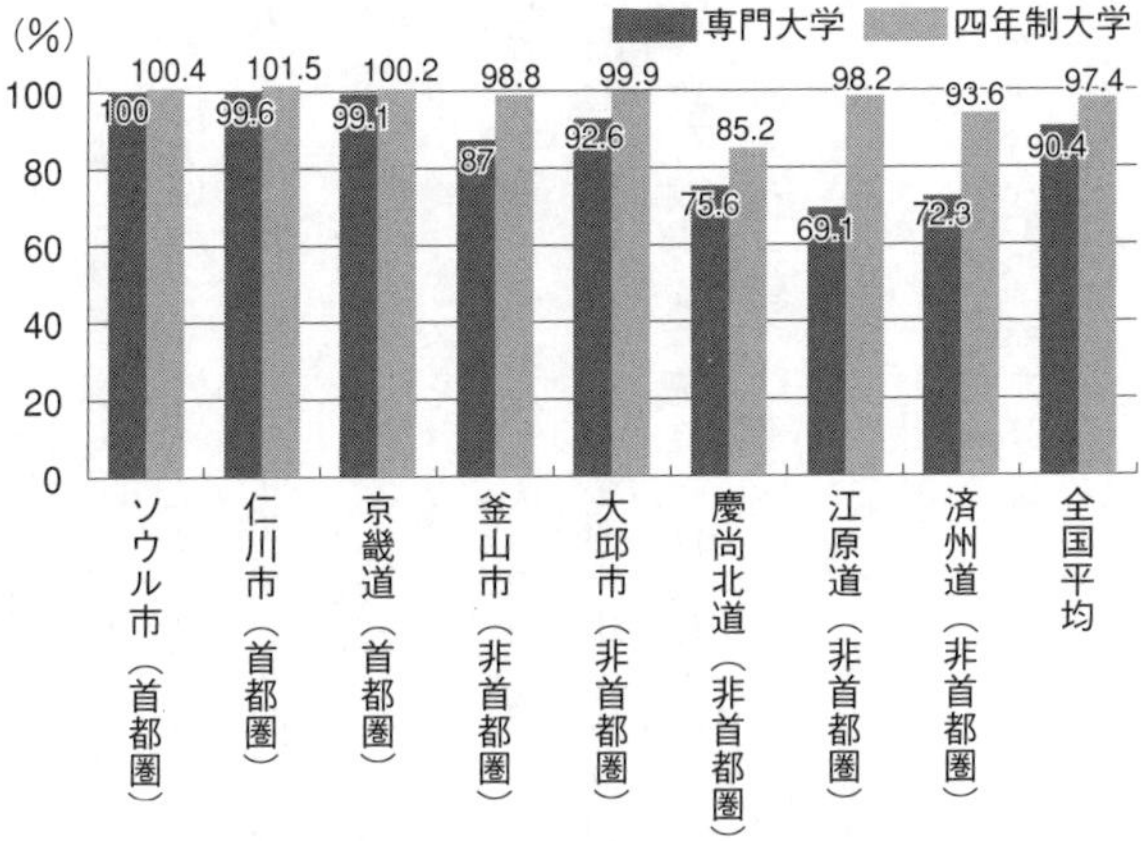

（韓国教育開発院『教育統計分析資料集』2009年版より作成）

ンティブ（二〇〇五〜〇八年度で一大学あたり総額平均約二五〇億ウォン）を与える手法で縮小を後押ししてきた。二〇〇五年以後一八国立大学の統合（九大学に再編）が実現し、約七〇〇〇名の学士課程入学定員減が実現している。釜山大・密陽《ミリャン》大の事例のように、完全な吸収合併の場合もあるが、なかには全南《チョンナム》大と麗水《ヨス》大のように、キャンパス間の距離的問題や短期間での統合・再編に伴う大学文化間の早急な統合（融合）が困難である現実も考慮して、統合新キャンパス担当副総長を置き、その下にマネジメントをする方式もいくつかみられる。

公立大学間（仁川《インチョン》大・仁川専門大、二〇一〇年）や私立大学間（嘉泉《カチョン》医科大・嘉泉吉《カチョンギル》大→嘉泉医科学大、二〇〇六年など）の統合も行われている。専門大学定員未充足の深刻な状況を打開する方策として、同一学校法人内での総合大学と短期高等教育機関との統合が行われるケースが主流といってよい。乙支《ウルチ》医科大とソウル保健大が合併し乙支大となった事例（二〇〇七年）のように、地方の私立大が首都圏の私立専門大を吸収合併して「首都圏参入」するケースも現れている。

最近国・公立大学間や所管官庁の異なる大学どうしの統合など、パブリック・セクター内での多様な統合形態を模索する動きもある。韓国は日本に比べて公立大学数が少なく（九大学）、地方に所在する公立大学はほぼ短期高等教育機関（専門大学）である。そのなかで、全南《チョンナム》道立大と国立木浦《モッポ》大との統合が推進され、二〇一〇年に統合計画書が教育科学技術部（日本の文部科学省に相当）に提出された。しかし、資産の国立移管に関する法律上の問題などが露呈し、実現困難となってしまった。一方、中規模国立大である忠州《チュンジュ》大と、国土海洋部所管の専門大である韓国鉄道大との統合構想は、鉄道庁の公社化タイミングと重なったため鉄道大の国立化に否定的な意見が提起されるなど難航した。最終的には統合が実現し、二〇一二年三月に統合新大学「韓国交通大学」（国立）が誕生して、所管官庁の異なる高等教育機関どうしが統合する初のケースとなった。

「自主選択」方針を採用した国立大学法人化

二〇〇七年九月、韓国初となる国立大学法人の大学が誕生した。朝鮮半島南東部、釜山に隣接する蔚山《ウルサン》広域市に誕生した「蔚山科学技術大学」（ＵＮＩＳＴ）である。蔚山は、日本の政令指定都市にあたる大都市（広域市）でありながら国立大学が設置されていない唯一の都市であった。こうしたことから蔚山では以前より国立大学誘致を展開していたが、盧武鉉《ノムヒョン》大統領

（当時）が設置に前向きの意思を示したことから、政府が推進方針を模索していた国立大学法人方式の採用を条件に、設置することとなった。

さらには韓国を代表するソウル大も、ついに二〇一一年十二月「国立大学法人ソウル大学校設立・運営に関する法律」が施行され、蔚山科技大に続いて法人化した。既設国立大が法人格に移行した初のケースであり、しかもそれが韓国最高峰の研究中心大学であった点でも、極めて大きな意味をもつ。しかし、これに追随していく地方国立総合大学がどこまで出てくるかは、まだ流動的である。韓国の国立大学は日本で先行した国立大学法人化のメリット・デメリットをよく研究しており、当初政府が推進していた全国立大学一律の法人化移行には強く抵抗した経緯がある。この他にも、二〇一〇年に仁川専門大を合併したばかりの仁川大が二〇一三年一月に国立大学法人となることが決定している。この大学は一九七九年に私立大学として設置された大学だったが、経営問題の表面化以後に仁川市が引き受けることとなり、公立化（一九九四年）した。それがさらに、蔚山科技大と同様に法人化を条件に国立大学へと転換する方針がとられ、二〇一一年十二月に「国立大学法人仁川大学校設立・運営に関する法律」が国会を通過した。法人化大学は今後段階的に増えていくと思われるが、それぞれの法人化法を

「相対化」しながら作られる自大学の法人化法にどのような個性を盛り込んでいくのか、気になるところである。

「改革の舞台」は大学院へ――法学専門大学院・医学系専門大学院

学士課程が縮小方向に進んでいるなか、活発な動きを見せているのは大学院改革だ。

韓国の大学院には三つのカテゴリーがある。第一は「一般大学院」。アカデミックな研究を中心に行う、日本でもおなじみの大学院である。第二に「専門大学院」。文字どおり専門職を育成する大学院である。第三に「特殊大学院」。主として生涯学習向けに置かれている大学院で、原則として修士課程のみである。この中から、数年間で大きく変わりつつある専門大学院に焦点をあててみたい。

まず大きな改革といえるのは「法学専門大学院」の誕生であろう。いわゆる「ロースクール」であり、日本の法科大学院と性格は似ているが、韓国では開設の際、四〇あまりの大学が開設申請したのに対し、認可は二五大学に抑えられた。また、開設大学の地域バランスにも配慮がなされ、二五大学のうち一五大学が首都圏で、残り一〇大学は地方国立大学を中心に開設が許可されたのである。

もう一つ、大きな意味をもつことは、法学専門大学院を開設する大学は、法学に関する学士課程を廃止することが法律に明記されたことである。旧法学部学生は卒業時、自大学の法学専門大学院に進学することも禁止され、安易な「エレベーター式」進学には強い規制がかけられた。

こうした法学専門大学院をめぐる動きは、これまで韓国にはなかった画期的な現象をもたらすことになる。すなわち、首都圏大学から地方大学への「学生流入現象」が起きたのである。これまで、韓国の大学は首都圏への一極集中指向が日本以上に強く現れ、地方から首都圏への一方的な流入現象は先述したとおり、国公私に限らず地方大学にとって極めて深刻な問題となっていた。しかし、法学専門大学院の誕生により、全体からすればわずかな数であるが、「優秀」といわれる学生が首都圏から地方へ「流入」してきたのである。

また、医学・歯学教育に対しても専門大学院制度が導入された。それが「医学（歯医学）専門大学院」（四年制）である。この専門大学院に入学するためには、MEET（DEET）（Medical (or Dental) Education Eligibility Test：医（歯）学教育入門検査）に合格する必要があるが、この試験は医・歯学の専門内容に偏ったものではなく、哲学や美術、歴史、経済等も含めた、幅広い領域を網羅する内容となっている。受験資格は学士課程卒業者もしくは卒業見込者となっているため、幅広い学部出身者に医師（歯科医師）への道が開かれたことになる。ただし法学専門大学院とは異なり、医学教育を専門大学院に特化するような法律規定がないため、医学教育は従来どおりの六年制医学部と四年制専門大学院の二つの養成体系が併存しており、ソウル大のように六年制医学部を堅持している大学もあれば延世大のような医学部・専門大学院併存型の大学、釜山大のように学士課程を廃止して専門大学院養成に一本化した大学もあり、多様である（ソウル大は歯科医養成については学士課程を廃止し「歯医学大学院」（専門大学院）に転換）。主として地方大学が、大学やキャンパスの特色を出す意味や学士課程の縮小を図る観点から、積極的に医（歯）学専門大学院一本化方針に積極的である点が興味深い。

こうした高度職業専門人材養成のシステムが大転換することによって、新たな問題も浮上している。それは学士課程の「専門大学院準備教育化」である。日本同様、韓国でも理工系大学・学部が敬遠される状況だが、医学・歯医学専門大学院の登場によって、特に理工系学部がその「準備課程」として学生に認識されはじめている、という。韓国ではアメリカ・モデルのロースクールやメディカル・スクールと、日本モデルに近い学士課程教育の「専門学部（学科）主義」とが混在している実態といえるが、大学院教育が変革されるにつれ、伝統的な学士課程教育そのものへの「問い」が起こり始めている典型といえるだろう。

「大学評価先進国」のゆくえ——「評価の浸透」から「評価結果の公開・活用」へ

韓国における大学評価の歴史は長く、すでに一九八二年から韓国大学教育協議会（大教協、KCUE）による機関評価が実施されてきた。一九九四年からは「大学評価認定制」が開始され、七年周期の本格的なアクレディテーションが二回にわたって実施されており、アジアで最もアクレディテーションの実績がある「大学評価先進国」といってよいだろう。

ただ、この大学評価は、教育関連法規上では根拠となる法律がないままに長く続けられてきた。大教協は一九八四年「韓国大学教育評議会法」の制定によって、任意団体から政府出資の機関となったが、この際上記法律内に「協議会は大学教育と大学行政の発展のためにそれに必要な資料を確保して周期的に大学の学務および運営全般に関する評価を実施しなければならない」（第十八条、上は一九八四年制定当時の条文）と定められていたことを根拠に、大学評価を実施してきた。「大学評価認定制」も、大教協を規定する法律に教育政策上の方針が影響を与える形で、推進されてきた経緯がある。一方で、全国一律に決められた評価基準で大学が「認定」されるこの制度は、大学の多様な個性を「オンリーワン」としてアピールしにくいものでもあった。さらに、大学評価認定制の第二周期（二〇〇一〜〇六年）では、「最優秀」「優秀」「認定」の三つに分けて結果が公表された。これが三つの「ランク」として報道されたこともあり、一つの基準による「ランキングされた」アカウンタビリティは、大学の現場側にとっても、大教協側にとっても、本意とは異なるものとして浸透してしまった、といえるだろう。一〇年以上続いてきた韓国の本格的アクレディテーション制度は、大学の主体的な多様化・個性化改革を促進していかなければならない現実のなかで、大きな曲がり角にさしかかったのである。

結果的に選択されたのが「大学評価認定制」の廃止であった。一方、高等教育法に「評価」の条項が新設（二〇〇七年十月十七日）され、大学評価が教育法体系上で根拠づけられた。これによれば、大学評価は「当該機関の教育・研究、組織・運営、施設・設備などに関する事項を自ら点検・評価して、その結果を公示しなければならない」（第十一条二）とあり、自己点検・評価を基本とし、その結果公開を義務化することにした。

では国際的な高等教育の質保証が叫ばれているなか、韓国はそれを「放棄」したのだろうか。ここに国家競争力強化戦略における韓国政府のしたたかなスタンスがみえる。先述した高等教育法第十一条二には、「教育科学技術部長官から認められた機関（以下本条で"認定機関"という）は大学の申請により大学運営の全般と教育課程（学部・学科・専攻を含む）の運営を評価または認証することができ」ることとしたうえで、政府が大学に行政的・財政的支援をしようとする場合には、認定機関の「評価または認証結果を活用することができ」ると明記した。これによって、政府による競争的な財政支援策に対して、認定機関による評価結果の位置づけを強化したのである。さらには、「教育関連機関の情報公開に関する特例法」を二〇〇八年五月二十六日に施行し、大学の長は図表3にあるような一三項目（五五内容）を毎年一回以上公開し、教育科学技術部長官に提出しなければならないこととした（第六条）。また、教育科学技術部長官は上記一三項目の情報を、「国民の便宜のために」「学校の種類別・地域別等に分類して公開することができる」こととしている。

今回、認定機関による大学評価結果を国公私立関係なく政府からのインセンティブ付与に反映できるよう法的に規定したことで、国による「質保証システム」と「政策誘導機能」とを同

図表3　「教育関連機関の情報公開に関する特例法」における情報公開

1．学校規則等学校運営に関する規定
2．教育課程編成および運営などに関する事項
3．学生の選抜方法および日程に関する事項
4．補充率、在学生数等学生現況に関する事項
5．卒業後進学および就職現況など学生の進路に関する事項
6．専任教員現況に関する事項
7．専任教員の研究成果に関する事項
8．予算・決算内訳など学校および法人の会計に関する事項
9．「高等教育法」第60条から第62条までの是正命令などに関する事項
10．学校の発展計画および特性化計画
11．教員の研究・学生に対する教育および産学協力現況
12．図書館および研究に対する支援現況
13．義務その他教育環境および学校運営状態などに関する事項

時に実現する形が誕生したことになる。大学情報を活用して国家の国際競争力強化を担う個性ある大学の育成に集中支援する一方、「退出組」の選定は共通事項をオープンにし、誰もが得られ比較できるようにして市場が決めるよう情報公開を徹底し、「競争」の環境を再編しようとしている。

このように、韓国は学士課程を国家戦略として縮小しつつ大学院を多様化かつ高度専門化するとともに、大学評価やこれによって産出される大学情報を、特色に対する集中支援あるいは市場「退出」のメカニズムに組み込んでいこうとしている。間接的な立場を維持しながらも事実上国家が対

外的な質保証を担保（場合によっては「介入」）するシステム構築を推進している現状といえるだろう。

【参考文献】

井手弘人「韓国高等教育における競争的資金配分事業と地方国立大学―統合・再編事業への国家『介入』過程とその意味―」『比較教育学研究』三十五号、日本比較教育学会、二〇〇七年。

井手弘人「韓国・人的資源開発体制における高等教育とネットワーク―知識基盤社会移行期の『市場化』『国際化』インパクト―」『カリキュラム研究』十六巻、日本カリキュラム学会、二〇〇七年。

馬越徹『韓国大学改革のダイナミズム―ワールドクラス（ＷＣＵ）への挑戦』東信堂、二〇一〇年。

韓国教育開発院『教育統計分析資料集（二〇〇九年版）』韓国教育開発院、二〇〇九年（韓国語）。

パク・ソンヒョン「歯医学教育入門検査が大学教育に与える影響」『延世医学教育』第四巻第一号、延世大学校医科大学医学教育学科、二〇〇二年（韓国語）。

ホ・ガムボム他『医学専門大学院施行研究』教育人的資源部医学専門大学院推進委員会教育政策研究報告書、二〇〇一年（韓国語）。

第四章　シンガポール

―世界の頂点目指す自治大学化と米中を結ぶ新大学の誕生―

山梨県立大学人間福祉学部人間形成学科教授

池《いけ》田《だ》充《みつ》裕《ひろ》

シンガポール経営大学

シンガポールの高等教育の概要

シンガポールは淡路島程度の面積しかない無資源の国土に、三九〇・三万人（二〇一五年数値）の国民人口が住む都市国家である。一八一九年に英国植民地下の枢要な貿易拠点になったことで、一九世紀後半には中国南部やインドなどアジア各地から出稼ぎ移民が大挙渡来し、華人系、マレー系、インド系から成る現在の多民族環境が作り出された。一九五九年に内政自治権を獲得した当時、その住民の約八割は海外出生者で占められていたという。今日同国は約一二〇万人の海外ビジネスマンや留学生が滞在する国際的な経済・学術センターとしての地位を確立したが、革新的なグローバリゼーション戦略の背景には、このような移民社会としての歴史や社会・文化的な環境をまず考慮しなければならない。

一九八〇年代まで、人民行動党（People's Action Party：PAP）政権は、教育政策においては言語・民族別に分かれていた初等・中等教育の統合を急いで、教授用語を英語に統一し、労働市場の要求に即応できる中級労働者向けの職業教育の整備に力を注いだ。この間、高等教育への進学機会は極めて限られ、一九九一年に南洋理工大学（Nanyang Technological University：NTU）が設けられるまで、公費設置の大学はシンガポール国立大学（National University of Sin-

図1　高等・中等後教育在籍者（全日制）数の変遷

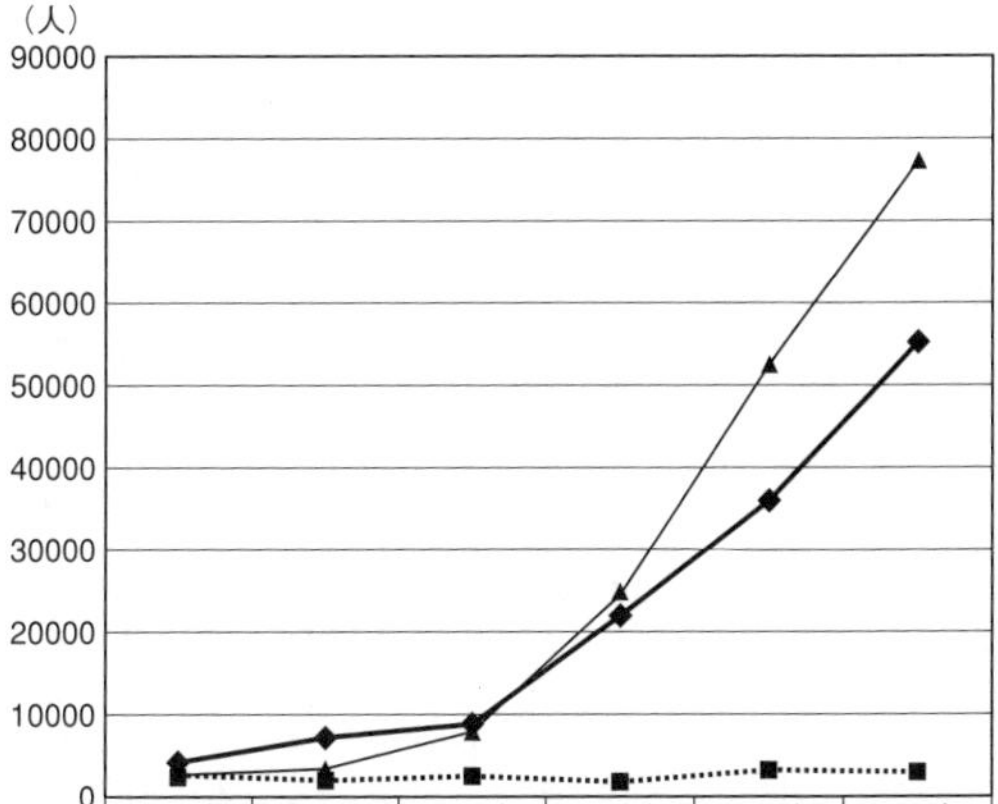

	1960年	1970年	1980年	1990年	2000年	2010年
◆ 大学	3502	7061	8634	22005	36121	55178
■ 教員養成	2327	2001	2328	1577	3072	2816
▲ ポリテクニック	2332	2794	7835	24078	52033	76989

出典：*Education Statistics Digest 2011*, Ministry of Education Singapore, p. 41のデータを基に筆者が作成。1991年から教員養成機関である国立教育学院はNTUの附属機関となっている。

gapore：NUS）のみであった（唯一の私立大学であった南洋大学は一九八〇年にNUSに統合されて消滅）。しかし九〇年代以降は、産業構造の変化にともなって、大学やポリテクニックなどの高等・中等後教育に多くの資源を投じるようになり、大学の役割も少数エリートの養成機関から、高度な知識・技能と指導力を備えた人材の供給機関へと大きくシフトした（図1参照）。

二〇〇〇年には公設民営方式でシンガポール経営大学（Singapore

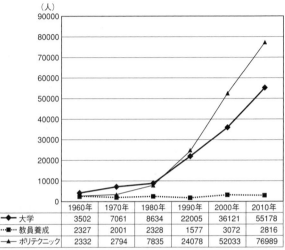

Management University：ＳＭＵ）が開かれ、大学教育への門戸はさらに拡大した。ＳＭＵはペンシルバニア大学・ウォートン校から大学経営やカリキュラム運用に関する指導を受け、講師陣もその多くが同校から派遣されている。

また、社会人を対象とした私立の継続教育機関であるシンガポール経営学院（Singapore Institute of Management：ＳＩＭ）は、一九六四年の設立以来、米・英・豪・中の各国と学位協定を結びながら各種のプログラムを提供してきた。一九九二年に英国公開大学の学位プログラム（Open University Degree Programme：ＯＵＤＰ）に認証され、二〇〇五年に同国四番目の大学となるＳＩＭ大学（SIM University：ＵｎｉＳＩＭ）へと昇格した。

このように大学数が増えるに従い、公設大学への進学率も上昇し、一九八〇年の五パーセントから、九一年は一四パーセント、二〇〇一年には二二パーセントと伸び、二〇一四年現在は三〇パーセントに達している（いずれも小一入学時同年齢集団内での全日制コースへの進学率）。これにポリテクニックの入学者数を加えれば、高等・中等後教育への進学率は七〇パーセントを超えることになる。後述のように、二〇一一年と二〇一四年に二つの新しい公設大学が開学し、政府は二〇二〇年までに公設大学への進学率四〇パーセントという数値目標を掲げている。

国立大学の自治大学化と質の保証

二〇〇四年、教育省・財務省官僚とＮＵＳ・ＮＴＵ・ＳＭＵの三学長が参加した「大学自治・経営・財政検討委員会」が組織され、翌年、"*Autonomous Universities-Towards Peaks of Excellence*"と題する報告書が提出された。(1) そのタイトルのとおり、「世界の頂点に立つ」教育研究拠点を目指すべく、報告書はＮＵＳ・ＮＴＵを自治大学（Autonomous University：ＡＵ）に移行すべきと勧告し、二〇〇六年に両大学はＳＭＵと同じ会社法（Companies Act）に基づいた非営利有限責任法人に改組された。

これまでＮＵＳ・ＮＴＵは教育省管轄下の公的な法定機関（statute board）として、その財源の使途や人事に関して細かな規制を受けていた。しかしこれ以降、政府からの補助金は一括交付となり、ＡＵは理事会が立てた経営戦略の下、特色ある財政・教育計画を立案し、財源の運用や教職員の人事・待遇を独自に定めることが可能となった。同窓生や利害関係者の経営参加、理事や教職員のオーナーシップの促進、理事会の経営戦略能力の向上、外国人留学生や企業などからの外部資金の拡充・多様化、入学者の独自選抜枠の拡大といった方策が進められている。

その一方でAUは、アカウンタビリティ保証のため、教育省と政策協定書（Policy Agreement）と業績協定書（Performance Agreement）を結び、教育省の高等教育計画に従って、公費の適正使用や五年間の教育・研究・組織改善目標の達成が求められる。また、「大学品質保証フレームワーク」（Quality Assurance Framework for Universities：QAFU）に準じて、毎年の自己評価報告の提出と教育省選定委員による五年ごとの外部評価も課せられている。個人や組織の研究活動に関しては、これまでも競争的資金として教育省の学術研究費（Academic Research Fund）が優れた研究活動に配分されてきたが、今後は個人の研究実績のほか、大学全体の研究実績を五年ごとに教育省の研究品質検証委員会が評価する予定である。

なお授業料に関しては、各学部・コースでその必要に応じて金額を定めることができるものの、高等教育の機会確保の観点から、単年度の授業料の増額幅は一〇パーセントまでと制限され、教育省への半年前までの事前報告が義務づけられた。また経済的に困窮する成績優秀者への学業支援のため、返還奨学金の上限は授業料全体の八〇パーセントから九〇パーセントに拡大することも保証された。

“東洋のボストン”を目指して―留学生受け入れ二〇万人計画

シンガポールの留学生政策としては、一九九七年にゴー・チョクトン首相（当時）が打ち出した“東洋のボストン（Boston of the East）”演説が知られている。これは、当時一〇パーセントほどであったＮＵＳ・ＮＴＵへの留学生入学率を二〇パーセントに引き上げ、同国をボストンのような世界の優秀人材が集う学術都市にするという国家ビジョンであった。以後、教育省や各大学は中国、台湾、インド、マレーシア、インドネシアといったアジア各地で留学生向けセミナーを開催し、各国の学生や教員を短期研修でシンガポールに招待するなど、積極的に有能人材の招致に取り組んできた。この結果、現在（二〇一一年度）同国の大学入学者における留学生比率は一八パーセントを占め、三大学の教員はその五〇～七〇パーセントが海外からの招聘者となっている(2)。

また、リー・シェンロン副首相（当時。現首相）が議長を務めた「経済検討委員会」（Economic Review Committee：ＥＲＣ）は二〇〇三年に報告書をまとめ、ここで示された国家戦略が現在のリー政権の基本政策となっている。ＥＲＣ報告書は高等教育・留学生政策に関して、国内留学生と外国人企業研修生について、一〇～一五年以内に五万人から二〇万人まで拡大するとの

野心的な方針を打ち出した。(3)

人口四〇〇万人足らずの小国が留学生・研修生を二〇万人受け入れるということは、日本でいえば六〇〇〇万人規模の受け入れに匹敵する。これはもはや社会構造全体を改革することを意味するが、この背景にあるのは日本以上の速度で進行する高齢化である。政府はこれに対処するため、二十一世紀半ばまでに人口を五五〇〇万人にまで増やす計画で、その人口増分を埋める生産人口の大半は海外から、しかも教育水準の高い知的移民に絞って補おうとしている。つまり同国にあって大学は人材養成機関としてだけでなく、世界中から優秀人材を調達する役割も期待されているのである。

産官学の連携と海外キャンパスの設置

ＮＴＵやＳＭＵは実業系の大学であるから国内外の企業と連携した教育・研究活動が盛んであるが、最高学府のＮＵＳも二〇〇二年に〝グローバルな知の創造体へ（Towards a Global Knowledge Enterprise)〟と大学ビジョンを定め、未来の企業家リーダーを育成するために、「ＮＵＳエンタープライズ」という新しい部局を立ち上げた。ＮＵＳエンタープライズは、海外カレッジ、産学連携オフィス（NUS Industry Liaison Office）、創業支援センター（NUS Entrepreneurship Centre）といった機関を運営し、産学連携プログラムや、学生や教員の起業活動を支援する。

ＮＵＳの海外カレッジは表１のとおり現在まで七校設置され、各国の有力大学と提携を結んでいる。

表１　ＮＵＳ海外カレッジの展開

二〇〇一年	ＮＵＳシリコンバレー校（米）。提携校はスタンフォード大学。
二〇〇二年	ＮＵＳバイオバレー校（米）。提携校はペンシルバニア大学。
二〇〇三年	ＮＵＳ上海校（中）。提携校は復旦大学。
二〇〇五年	ＮＵＳストックホルム校（スウェーデン）。提携校は王立工科大学。
二〇〇六年	ＮＵＳバンガロール校（印）。提携校はインド科学院大学。
二〇〇九年	ＮＵＳ北京校（中）。提携校は精華大学。
二〇一一年	ＮＵＳイスラエル校開学。

毎年約二〇〇名のＮＵＳ学生がこれらの海外カレッジに赴き、半年から一年程度、提携大学

で関連科目を受講し、現地企業でのインターンシップに参加して、経営マインドや商習慣、新規市場の創出や開拓、起業方法などを学んでいる。提携大学で修得した単位はすべてNUSと単位互換がなされており、提携大学の授業料はNUSの通常の授業料によって負担されている。また一部のインターンシップでは現地企業から給与も支払われている（中国一五〇〇元／米国一二〇〇ドル／スウェーデン六五〇〇クローナ）。

各カレッジの重点領域は、米国はコンピュータ工学やバイオ医学・工学、ナノテクノロジー、中国やインドはIT関連電子部品の開発・製造、マーケティング、欧州は情報通信やバイオ化学、イスラエルはデザイン工学など明確な色分けがなされている。先のERC報告書が示した中長期的な国家戦略の下、各分野で指導的な立場に立つ人材を、将来有望な成長地域や産業分野に送り込み、研鑽を積ませることで、グローバルな視野や異なる社会・経済環境への適応力を育てることがそのねらいである。

ワールド・クラスの高等教育機関との連携

一九九八年に同国の経済開発庁は、″ワールド・クラス大学（World Class Universities：WC

U）“プログラムを打ち出し、今後一〇年以内に最低一〇校のWCUの海外キャンパスを国内に誘致し、大学・研究機関との提携を図るという目標を示した。現在までの実績は表2のとおりである。

表2　ワールド・クラス大学の誘致・提携の実績

一九九八年	マサチューセッツ工科大学（MIT、米）…NUSとNTUはMITと「シンガポール—MIT協定」を結び、合同学位プログラム、遠隔教育、教員・学生間の交流、外国人留学生への奨学金の提供、関連セミナーの開催、企業研修といった教育・研究活動を開始。
一九九八年	ジョン・ホプキンス大学（米）…シンガポール支部を設置し、二〇〇〇年にはNUSや同附属病院と協力して、共同国際医薬センターを同病院の敷地内に開設。
一九九九年	ジョージア工科大学（米）…NUSと協力して、アジア太平洋運輸研究院を設置、〇一年から運輸マネジメントの修士号プログラムを開始。
二〇〇〇年	ペンシルバニア大学ウォートン校（米）…SMUの開学にあたって学長や学部長、教授陣を派遣し、ウォートン・SMU研究センターを設置。
二〇〇〇年	欧州経営大学院（INSEAD、仏）、シカゴ大学ビジネス大学院（米）…それぞれアジア・キャンパスを開設し、MBAプログラムを開始。

二〇〇一年　エイドホーベン工科大学（蘭）、EDHECリスク研究院（欧）…前者はデザイン技術院を開設して修士号プログラム、後者は金融博士号やリスク投資管理修士号のプログラムを開始。

二〇〇二年　ミュンヘン工科大学（独）…NUSやNTUと合同で産業化学の修士号プログラムを開始。

二〇〇五年　経済商科大学院大学（ESSEC、仏）…アジア・キャンパスを開設し、国際ビジネスやホスピタリティのMBAや博士号プログラムを開始。

二〇〇六年　SPジェイン経営センター（豪）、ネバダ大学ラスベガス校（UNLV、米）…アジア・キャンパスを開設し、前者はMBAや経営学士号プログラム、後者はホスピタリティの学士号／修士号プログラムを開始。

二〇〇七年　ニューヨーク大学ティッシュ・アジア芸術校（米）…アジア・キャンパスを開設し、アニメーション・デジタル・アート、ドラマ、映像制作の修士号プログラムを開始。

二〇〇八年　デジペン工科大学（加）…アジア・キャンパスを開設し、リアルタイム・シュミレーションやアニメーション、ゲームなどのデザイン技術の学士号プログラムを開始。

二〇一〇年には教育省とポリテクニックが連携して、シンガポール技術学院（Singapore Institute of Technology：SIT）を設立した。SITは主にポリテクニック卒業生に大学教育の機会を提供することを目的とし、ミュンヘン工科大学（独）、ニューカッスル大学（英）、デジペン工科大学（加）、カリナリー学院（米）、ネバダ大学ラスベガス校（米）の五大学と学位の認証協定を結び、各分野の全日制／パートタイムのプログラムを用意している。

このようにWCUと提携して展開される各種の学位プログラムは、主としてシンガポール国内の中級労働人材の資格・技能の向上、また新規産業分野の開拓を目指したものが多いが、一方で留学生の獲得の面でも寄与している。隣国マレーシアでは海外の大学と連携した私立高等教育機関が乱立気味となっており、その教育の質の保証が問題となっているが、シンガポールはWCUの名声と実績を利用し、特に中国やインドの中間富裕層を対象に、より上級で質の高い高等教育を用意して、そのニーズを捉えようと図ってきた。

しかしながら、すべてが経済開発庁の思惑通りに進んだわけではない。オーストラリア有数の私立大学であるニューサウスウェールズ大学（UNSW）は、同国初の海外私立総合大学として二〇〇ヘクタールのキャンパス用地を確保し、二〇〇七年三月に開学したが、五月に急遽閉校に追い込まれた。三〇〇名募集のところ一四八名しか学生が集まらず、キャンパス建築等のための投資資金がまかなえないとの経営判断であった。特にシンガポールの入学生は一〇〇名に留まり、大学担当者はその原因について、「地理的要因が大きかった。シンガポールの学生が〝オーストラリアの大学の学位が欲しい〟といった場合、それは〝シドニーで生活したい〟ということであった」と述べた。その後、シンガポールの学生はUNSW当局から旅費や生活費などの優待奨学金を得て、シドニー本校に移ったが、資金繰りの苦しい海外留学生は帰国、またはシンガポールのポリテクニックなどに引き取られる結果となった。

第五大学の誕生─米国と中国を結ぶ教育ハブ

NUS、NTU、SMUに続く四番目の公設大学の設置は、これまで幾度も検討が繰り返されてきた。最近では、二〇〇一年にトニー・タン副首相兼大学教育担当相（当時。現大統領）がまとめた「企業立大学」構想がある。だが経営面の不安や人材需要の観点から時期尚早との意見が出て、NUSをマルチ・キャンパス化し、薬学や健康医学などの医療専科大学を設けるという方向で収められた。大学新設というリスクを捨てて、既存大学のブランド力や資源を活用する道が取られたのである。

だが今回はＵＮＳＷの閉校という緊急事態が契機となり、二〇〇七年八月、政府は「大学セクター拡大委員会」を設け、一年間の審議を経て、シンガポール工学デザイン大学（Singapore University of Technology and Design：ＳＵＴＤ）の設置を決定した。二〇〇五年開設のＵｎ・ｉＳＩＭ以来、五番目となる大学はＵＮＳＷのキャンパス予定地や施設をそのまま利用して、二〇一一年に開学した。ＳＵＴＤは建築・サステナブル・デザイン、製品開発工学、システムデザイン工学、情報システム工学・デザインの四学部から成り、学際的なプログラムや産学連携による現場実習活動を多く取り入れている。また、その経営・教育にあたっては、マサチューセッツ工科大学（ＭＩＴ）の協力・指導を全面的に仰ぎ、初代学長や講師陣の多くがＭＩＴから派遣されている。また中国では精華、北京に次ぐ第三位と評価される浙江大学と連携し、ＳＵＴＤ—ＭＩＴ—浙江の三大学での交換留学生の派遣や単位互換プログラムを実施し、米国と中国を結ぶ「汎太平洋州大学」としてその特色を打ち出そうとしている。

今後の展望──二〇一五年以後

前述のように二〇一四年にシンガポールの大学進学率は三〇パーセントに達した。教育省は、二〇一一年に「二〇一五年以後の大学教育に関する委員会（Committee on University Education Pathways Beyond 2015)」を設置し、日本や韓国、台湾、北欧諸国といった海外の高等教育を検証し、今後同国において大学教育を拡大する意義、公費による投資効果、将来需要が見込まれる学部の構成、質の保証などに関する総合的な検討を行った。この結果、前述のＳＩＴが大学に昇格することとなり、二〇二〇年までに五つの公設大学への進学率で四〇パーセント、またＵｎｉＳＩＭなどが提供する社会人向けの学位プログラムの修了者を加えた成人学位取得率で五〇パーセントという数値目標が掲げられた(4)。このように産業の高度化と経済のグローバル化に対応するために、今後はポリテクニック修了者や社会人を対象に、高等教育へのアクセス・ルートの拡充・多様化が図られようとしている。

【注】

（１）The Steering Committee to Review University Autonomy, Governonce ond Funding,

Autonomous Universities : Towords Peaks of Excellence, Higher Educotion Division, Ministry of Educotion Singapore, 2005.

（2）Lee Hsien Loong. *National Day Rally Speech*, 14 August 2011. 例えばＮＵＳの場合、学部在学生中の二一%、大学院では六三%を外国人留学生が占めている。（*NUS Annual Report 2011*, p. 62）

（3）Report of the Education Services Working Group of the ERC Sub-Committee on Service Industries, *Developing Singapore's Education Industry*, Ministry of Trade and Industry Singapore, 2002, p. 6.

（4）*Report of the Committee on University Education Pathways Beyond 2015*, Ministry of Education Singapore, 2012.

【参考文献】

・拙稿「シンガポール―グローバリゼーションに挑む高等教育改革」馬越徹編『アジア・オセアニアの高等教育』玉川大学出版部、二〇〇四年、一四九～一七〇頁。

第五章　タイ

——高等教育の大衆化とASEAN統合に向けた国際的地位の向上——

高知県立大学地域教育研究センター准教授
鈴《すず》木《き》康《こう》郎《ろう》

名古屋大学大学院国際開発研究科講師
カンピラパーブ・スネート

チュラーロンコン大学

高等教育の歴史的展開

東南アジアにおいて長い歴史を有するタイの高等教育は、一九一七年に最高学府として設置されたチュラーロンコン大学にまで遡ることができる。その後、タマサート大学が一九三四年に設置され、以降一九六〇年代まで国立大学を中心にバンコク以外の地方各地にも設置されていく。多くの国立大学には地名のみならず歴代国王の名前も掲げられ、卒業証書は国王をはじめとする王族により直々に授与されるなど、まさに国家のエリートのためのものであった。

しかしながら、一九七〇年代以降はオープン大学が設置され、高等教育人口が急速に増加していく。オープン大学とは、高卒またはそれに準ずる者が無試験で一般の大学と比較し非常に安価な授業料で入学することが可能な大学である。また、通信制教育や自学自習による授業の履修が可能であり、そのため大学が近隣に設置されていない地方の学生や社会人などに高等教育の機会を提供することが可能となっている。

一九九〇年代には、各地に設置されていた教員養成カレッジがラチャパット地域総合大学へと昇格した。さらに、全国に三九校あったラチャモンコン工科学校が二〇〇五年に九校に統合され、ラチャモンコン工科大学へと昇格した。こうして高等教育機関数・在籍者数は拡大を続け大衆化段階を迎えるに至った。一方、一九九〇年代後半には大きな経済危機を迎え、国際競争力の強化など教育の質の面にも目が向けられるようになった。

大衆化を迎えたタイの高等教育とそれを支えるオープン大学

タイにおける高等教育学齢人口（一八～二二歳）は二〇一〇年現在、三八〇万二六九七人である。このうち、学士・準学士・オープン大学のすべてを含んだ高等教育在籍者は、一七五万七三〇二人（うちオープン大学在籍者は一二三万三四〇七人）であり、在籍率は実に四六・二一パーセントに達している。なお、オープン大学の場合、学士レベルの在籍者総数は四五万七七六四人に上る。このデータからも無試験で入学でき、社会人や地方の学生に広く開かれたオープン大学が、様々な年齢層の高等教育ニーズを満たしていることがうかがえる。

また、高等教育機関数についてみると、その内訳は、国立高等教育機関七九校（オープン大学二校、ラチャパット地域総合大学四〇校、ラチャモンコン工科大学九校を含む）、私立大学七一校、コミュニティ・カレッジ二〇校、計一七〇校となっている（二〇一一年八月現在）。私立大学のなかには、盤谷日本人商工会議所をはじめ、日本の産業界より全面的な協力を得て二〇〇六年に設置認可された、泰日工業大学も含まれている。

なお一九九九年国家教育法を契機に国立大学の自治大学（いわゆる独立法人）化が進められており、設置当初より自治大学として設置されていた三校に加え一一校が自治大学となっている。自治大学化は学問研究の自由が保障され柔軟な大学運営が可能となるとの評価を受ける一方、競争原理が導入され経済至上主義に陥る可能性を指摘する声も少なくない。

高等教育の大衆化を支えるオープン大学として、ラムカムヘン大学とスコータイ・タマティラート大学の二校が設置されている。ラムカムヘン大学は最初のオープン大学として一九七一年に法律・経済・人文・教育の四学部が設置された。入学資格は高卒または中等学校卒で五年以上の公務員勤務経験がある者となっている。新入生が履修上限まで履修した場合の入学料と授業料等の合計（一学期分）はわずか一七八五バーツ（約七五〇〇円、レートは二〇一一年三月現在）である。このように無試験で授業料も安価な同大学は、様々な年齢や階層の高等教育需要の受け皿となっている。現在では一〇学部にまで増加し、学士・修士・博士・インターナショナル・プログラムといった多彩な課程が整備されている。メインキャンパスはバンコク郊外にあるが二二県に地方キャンパス、四七県に学術サービスセンターが設置され、地方にいながら学習することが可能となっている。

スコータイ・タマティラート大学は増加し続ける学生数に対応しきれないラムカムヘン大学を補うべく、東南アジアで最初の通信制教育による大学として一九七八年に認可された。同大学は二年間の準備期間を経て一九八〇年に教育・人文・経営科学の三専攻で一期生が受け入れられた。その後一九九三年に修士課程が、二〇〇六年に博士課程が開講され、現在では一二の専攻が設けられている。なお入学資格は高卒または中等学校卒で五年以上の職務経験がある者となっている。

地域に根ざしたコミュニティ・カレッジの復興

アメリカの影響を受け、最初のコミュニティ・カレッジとして一九七七年にプーケットコミュニティ・カレッジが設置された。以降、各地にコミュニティ・カレッジが設置されたが、同制度は一九九六年に一度廃止されている。

しかしながら、高等教育機関が設置されていない地方の各県で一二年間無償教育を受け卒業した者に準学士を授与する教育機関を設置する必要性が叫ばれるようになり、二〇〇二年に一

図1　タイにおける高等教育機関別在籍者数
（2010年現在）（n＝1,768,808）

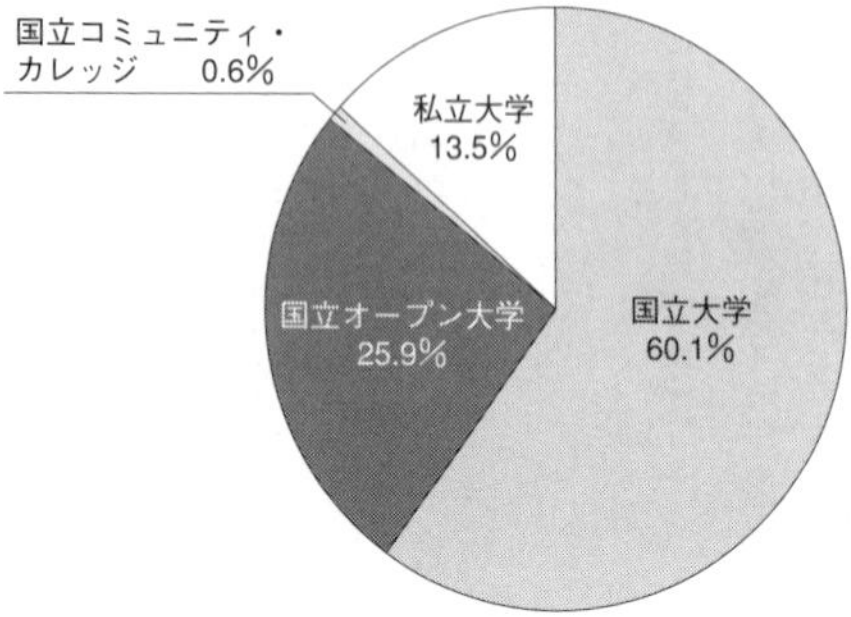

出典：Office of the Permanent Secretary, Ministry of Education, Thailand., *2010 Educational Statistics in Brief*. Bangkok: Ministry of Education, 2012, pp. 52-54.

※なお、ここでの在籍者数は18～21歳人口以外も含むため、本文の高等教育在籍者数とは一致していない。

○校のコミュニティ・カレッジの設置が認可された。いずれも既存の職業教育カレッジとノンフォーマル教育機関を拡充してコミュニティ・カレッジに昇格させたものである。その後二〇〇四年に七校、二〇〇六年に一校、二〇〇七年に一校、二〇一一年に一校が設置され、現在では計二〇校となっている。

コミュニティ・カレッジでは、入学希望者は無試験で入学することができ、他の高等教育機関よりも授業料が安価で、カリキュラムも地域の職業ニーズに合致したものであることが利点としてあげられており、地域に根ざした高等教育の発展に果たす役割が期待されている。実際に、ムスリムの多い南部のパタニー校ではハラール食品ビジネス準学士コース、カンボジアと国境を接するトラート校ではカンボジア語短期研修コースが開設されるなど、特色ある教育が行われている。

図1は高等教育在籍者数の機関別内訳を示したものであるが、オープン大学とコミュニティ・カレッジの在籍者は合わせて二六・五パーセントに上る。また設置者別に見た場合国立が八六・五パーセントであるのに対し私立は一三・五パーセントにすぎない。

高等教育の国際化へ向けて

他のアジア諸国と同様、大衆化とともに課題となっているのが高等教育の国際化である。タイでは「第一次長期高等教育計画」（一九九〇～二〇〇四年）を契機に、本格的な高等教育の国際化政策が打ち出されることとなった。そこでは、国際化に関連する提言として、①言語・経営・コンピュータ分野などにおいて国際社会で活躍できるような資質を獲得させること、②学士・大学院レベルにおいてインターナショナル・プログラムを導入・推進すること、③一部専門分野において海外の高等教育機関と同等のカリキュラムを開設することが打ち出された。さらに、同計画においては高等教育開発の重要な理念として、①平等性、②効率性、③卓越性、④国際化、⑤民営化が打ち出された。同計画はタイにおけるグローバリゼーション対応の高等教育改革の出発点ということができる。また同計画後に策定された「第七次高等教育開発計画」(一九九二〜九六年）においては、アジア人留学生の積極的受け入れ、奨学金や研修プログラムを通した近隣アジア諸国への教育援助体制の構築が具体的な目標として示された。こうした指針を背景に、次に述べるような各種国際化政策が打ち出されていくこととなる。

インターナショナル・プログラムや国際学術交流協定の推進

インターナショナル・プログラム（International Program：ＩＰ）とは、タイ国内の高等教育機関において教授用語を外国語（ほとんどが英語）とするカリキュラムを実施するコースである。またＩＰでは教育水準が国際的であること、諸外国との学術交流を積極的に行うことが指針として示されている。

ＩＰはタイ人と外国人留学生のいずれもが対象となっており、タイ人留学希望者のニーズを国内でまかなうと同時に外国人留学生受け入れの基幹コースとしての役割も果たしている。

二〇一〇年現在、全九八一プログラムが開講されており、課程別の内訳は学士課程三四二、修士課程三八九、博士課程二二五、その他二五となっている。また設置者別の内訳は、国立三三校で六九九、私立二六校で二八二となっている。

ＩＰは各国の大学とのジョイントディグリー（またはダブルディグリー）によるプログラムとして提供されることも少なくない。そのプログラム数は九二に上り、内訳は大学院ディプロマ一、学士四六、修士三六、博士九となっている（二〇一一年）。これらのプログラムは二九の高等教育機関（国立二一、私立八）で実施され、チュラーロンコン大学が一三と最も多くのプログラムを実施している。また、プログラム数に見るパートナー国としては中国が最も多く、次いでアメリカ、ドイツとなっている。こうしたプログラムとして典型的なのがアーヘン工科大学（RWTH Aachen University 独）との共同施設としてキングモンクット工科大学北バンコク校に設置された Sirindhorn International Thai-German Graduate School of Engineering（ＴＧＧＳ）である。

このようにＩＰは、英語による高等教育を希望するタイ人学生の受け入れ、外国人留学生の受け入れおよび海外高等教育機関との学術連携といった側面で、タイの高等教育の国際化を支える重要な施策である。実際にＩＰの人気は高く、その開講数は一九九三年にはわずか二七にすぎなかったが、二〇〇五年に五二〇、二〇〇六年に七二七、二〇〇七年に八四四、二〇〇八年に八八四、二〇一〇年に九八一というように着実に増加しており、もはや地方の大学でも珍しくない存在となっている。

近隣諸国からの留学生受け入れの開始

いうまでもなく、これまでのタイは日本や欧米各国に留学生を送り出す立場にあった。二〇〇九年現在、タイから海外への留学生送り出し数は約二万四八〇〇人でありその主な留学先国はアメリカ（八五九二人）、英国（四六七四人）、オーストラリア（四三七七人）、日本（二一九三人）となっている(1)。

一方、先に述べた「第七次高等教育開発計画」以降、外国人留学生、とりわけアジアからの外国人留学生の受け入れがタイの高等教育にとって新たな課題となっている。二〇〇二年よりタイ政府は外国人留学生受け入れに関する統計を取り始めたが、その推移は図２のようになっており二〇〇二年から二〇一〇年までの間に六・〇三倍の伸びを示している。

図２　タイにおける外国人留学生受け入れ数の推移

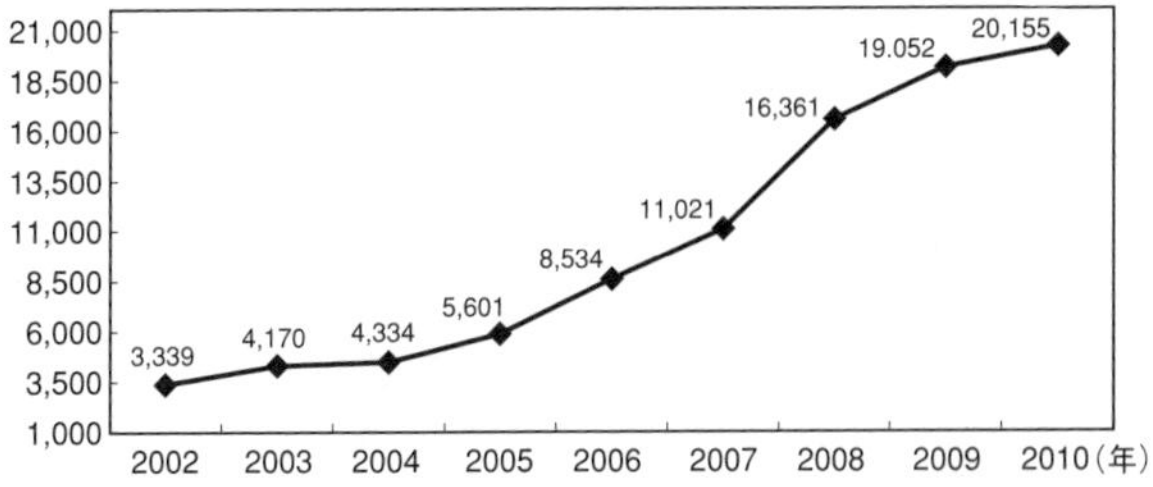

出典：Office of the Higher Education Commission, Ministry of Education, Thailand., *2010 International Students in Thai Higher Education Institutions*. Bangkok: Ministry of Education, 2011, p. 25 (in Thai).

二〇一〇年現在、外国人留学生受け入れ総数は二万一五五人に上っているが、これを国別にみると中国九三三九人、ラオス一三二一人、ミャンマー一三一〇人、ベトナム一一〇〇人、カンボジア九四四人、となっており、中国とＣＬＭＶ諸国（カンボジア・ラオス・ミャンマー・ベトナム）からの受け入れが大多数を占めている。

また人気のある専攻分野は、順に経営・タイ語・英語・国際ビジネスとなっており、タイ語を除くと国際的に広く通用する専攻分野を学んでいる学生が多い。

受け入れ先としてはアサンプション大学三〇一一名、チュラーロンコン大学一二七四名、マヒドン大学一二五一名、ラムカムヘン大学一一九九名となっている。外国人留学生受け入れで圧倒的多数を誇るアサンプション大学は、一九六九年にキリスト教系のアサンプション商科カレッジとして設置され、一九九一年より総合大学となったタイで最大規模の私立大学である。現在は、バンコクとその郊外に三つのキャンパスを設けているが、日本を含めた世界各国と学術交流協定を結んでおり、オーストラリア、ドイツ、英国といった国々の高等教育機関とのダブルディグリー・プログラムも設けられている。タイで最も古く今なお最難関であるチュラーロンコン大学は、二〇〇八年に法人化され、総学生数は三万九〇〇六名（うち学士課程在籍者二万四九五一名）に達しており、ＩＰの開設も八五（うち学士一三）に上っている（二〇一一年現在）。また、海外の大学・企業との学術交流協定は、のべ五五二件（二〇〇九年）に上っており、ハーバード大学、オックスフォード大学、マサチューセッツ工科大学といった世界有数の大学と提携を結んでいる他、日本の旧帝国大学七大学とも提携を結んでいる。

ＡＳＥＡＮの教育ハブの実現へ向けて

現在、タイでは国家戦略としてシンガポールやマレーシアと競い、東南アジアの教育ハブの実現を目指している。そこでは教育の質を国際的な水準にまで引き上げ、それを通して国外からの人材を誘致し国家の経済発展に資することが目的とされている。

これについて「第二次十五カ年長期高等教育計画フレームワーク」（二〇〇八〜二二年）において、グローバル化がもたらす高等教育の将来について二つの側面からシナリオが描かれている。一つは国境を越えた高等教育の市場化の進展であり、もう一つは二〇一五年のＡＳＥＡＮ統合に伴う人的交流の活性化である。前者によって各国の高等教育は同じ市場のもとでシェアを奪いあう状況が予測され、後者によって学術交流や単位互換制度が整備され、高等教育市場における人の移動が容易となる状況が予測されている。いずれにしても域内のより教育水準の高い国へと留学生が流動する現象が示唆されていることから、タイの高等教育の国際的な水準を高めることが急務であると同時に、その国際的地位を高める好機であると認識されている。

二〇一〇〜一二予算年度には、中等教育および職業教育高等教育分野において教育ハブ構想を進めるために、三二億三千万バーツ（約八七億円）の予算が組まれ、以下の五つの具体的目標が掲げられている。①外国人児童生徒学生および研究生数を増加させる、②一四の中等学校を国際実験校とし、国際水準の教育を英語で提供し卓越した学習リソースセンターとして近隣諸国からの生徒を誘致する、③六つの技術系カレッジおよび職業教育カレッジを国際職業教育センターとする、④すでに設置されている四九五のインターナショナル・スクールについて教育の質の向上をはかる、⑤一〇〇名以上の外国人留学生を受け入れている国立・私立高等教育機関について教育の質の向上をはかる。

こうした状況のなか、二〇〇九年十月にASEANの中核学習センターを目指し九つの国立大学（タマサート、チュラーロンコン、カセサート、コンケン、チェンマイ、マヒドン、キングモンクット工科トンブリ、スラナリー工科、プリンス・オブ・ソンクラー）が拠点大学（National Research University）として選定され、二〇一〇〜一二予算年度まで重点予算配分を受けることとなった。拠点大学構想の目標には世界大学ランキングにランク入りすること、ASEANの教育ハブとしての水準を満たすこと、産業界との連携により研究成果を経済発展に直接結びつけること、国家の競争力の向上に具体的に貢献することなどが示されている。

実際に、大学ランキングは近年大学の教育研究の質を示す重要な指標として用いられるようになっている。二〇〇四年よりThe Times Higher Education Supplement（THES）により毎年発表されている世界大学ランキング（QS World University Rankings）の二〇一一年では、チュラーロンコン大学が唯一トップ二〇〇内の一七一位に入っている（二〇〇九年は一三八位であったが、二〇一〇年に一八〇位、二〇一一年に一七一位と低迷)。また同THESによる二〇一一年アジア大学ランキング（QS Asian University Rankings）ではトップ二〇〇に九校がランク入りしている(マヒドン三四位、チュラーロンコン四七位、チェンマイ六七位、タマサート八八位、プリンス・オブ・ソンクラー九五位、コンケン一一四位、カセサート一二〇位、キングモンクット工科トンブリ一八一―一九〇位、ブラパー一八一―一九〇位)。

加えて、外国人留学生の受け入れについては二〇〇八年より一〇年間にわたり毎年一〇パーセントの受け入れ数増加を目指している。さらに挑戦的な目標として二〇一五年のASEAN統合を迎える時点で一〇万人を受け入れる構想も掲げられている。タイは本格的に留学生送り出し国から受け入れ国への転換を図ろうとしているということができる。

【注】

（1）タイ政府では、国費・私費を含めたタイ人留学生の総数は把握されていない。このため、留学数は以下を参照した。UNESCO Institute for Statistics., *Global Education Digest 2011 : Comparing Education Statistics across the World*. Montreal : UNESCO Institute for Statistics, 2011, p. 201.

【参考文献】

平田利文「タイ―グローバルスタンダードをめざす高等教育戦略―」馬越徹編『アジア・オセアニアの高等教育』玉川大学出版部、二〇〇四年、五七～七六頁。

The World Bank., *Thailand : Towards a Competitive Higher Education System in a Global Economy*. Bangkok : The World Bank Office, Bangkok, 2009.

第六章　マレーシア

―国際学生移動のトランジット・ポイント―

上智大学総合人間科学部教育学科教授
杉《すぎ》村《むら》美《み》紀《き》

私立 UCSI University　クアラルンプール・キャンパス

国家開発計画のもとでの国際競争力の強化と人材育成

マレーシアの高等教育は、一九八〇年代までは一部のエリートを対象とした極めて限定的なものであった。マレー系、中国系、インド系などから成るマレーシアは、国民統合と経済発展を国家課題とし、国語であるマレー語と国教であるイスラームを軸とした国民教育政策をとってきた。特に一九七〇年代からはマレー系を中心とするブミプトラ優先政策のもとにマレー化を軸とした同化主義的な教育政策がとられ、高等教育においても原則としてマレー語を教授用語とし、イスラームが必修教科とされてきた。

しかしながら一九九〇年代に入ると、マレーシアは高等教育政策を大きく転換して多様化と民営化を軸とした高等教育の拡充に乗り出し、国立大学の民営化とともに、私立教育機関の設立・運営を認めるようになった。こうした政策転換の背景には、経済発展のための人材育成・確保、ならびに長年の懸案であった留学による頭脳流出問題への対応がある。当時、マレーシアの国立大学ではクォーター制度とよばれるマレー系の優先入学制度があり、国内進学に制限を受けてきた中国系やインド系は海外に進路を求めてきたためである。

一九九一年に始まった「新発展政策」、ならびに同年、マハティール首相（当時）が発表した国家開発構想「ビジョン二〇二〇」(Wawasan 2020)では、西暦二〇二〇年までにマレーシアを先進国とするという国家目標が示された。また、国際社会における競争力強化を図るため、英語および国際感覚に秀でた人材育成が強調されるようになった。そこでは、経済発展のために、従来のマレー化政策にとどまらない新たな国家開発計画の必要性が指摘され、マレーシア国内の高等教育の拡充が強調された。一九九〇年代半ばに発表された「第七次マレーシア計画(一九九六—二〇〇〇)」には、「教養と高度な技能、コンピューター処理技術を持ち、倫理感・やる気を兼ね備えた人的資源の育成」が重要課題として掲げられ、科学技術分野における教育機関の新設・拡充、内外の研究機関との連携による研究・開発機能の強化、理科系への就学促進、高等教育における英語能力の向上ならびに国語使用の強化などが示された。

高等教育の多様化・民営化と私立高等教育機関の台頭

こうした高等教育拡充の具体策としてとられたのが、国立大学の定員増や既存の政府立教員養成系カレッジの大学への昇格、そして私立高等教育機関の拡充と多様化である。マレーシアには一九八〇年代より少数の私立中等後教育機関があったが、いずれも国立大学に合格できなかった者が進学する低いレベルのものであった。それに対し、九〇年代に入ると、高まる高等教育需要に対応するために、高等教育機関の民営化や法人化が進められたのである。その動きは、一九九六年に「私立高等教育機関法」が制定されたことで一挙に加速した。実際、一九九二年に一五六校であった私立高等教育機関は、二〇〇〇年には約六〇〇校となり、その後、質保証の観点から政府によって制限されたものの、今日、三三校の私立大学と約五〇〇校の私立カレッジ余りとなっている。もともと高等教育機関の設置基準や設立認可は「大学・カレッジ法」によって政府の監督下におかれてきたが、「私立高等教育機関法」によって国民教育制度のもとに私立教育機関が位置づけられるようになった。さらに、同じく一九九六年に「国家認証委員会法」および「国家高等教育評議会法」が制定されたことで、私立高等教育機関の教育課程の基準認定および監督規定が明確にされた。こうした一連の高等教育政策の結果、国内における二〇〇八年現在の高等教育在籍者数は、国立大学二〇校の在籍者が約四二万人であるのに対し、私立高等教育機関は約四〇万人とほぼ拮抗するまでとなり、私立機関の台頭が目立つようになっている。このほか、二四校のポリテクニクに約八万五〇〇〇人、また三七校のコミュニティ・カレッジに一万七〇〇〇人が在籍している。また、かつては高等教育就学人口全体の四割が海外の高等教育機関で学び、頭脳流出が問題となっていたのに対し、今日では国外高等教育機関への就学者は五万九〇〇〇人と全体の一割弱となっている。

国際化とトランスナショナル・プログラムによる留学生招致政策

こうした高等教育の多様化・民営化の動きは、「国際化」の動きとも連動している。マレーシアの私立高等教育機関の多くは、海外の教育機関と連携して行われるトランスナショナル・プログラムを積極的に導入している。具体的にはマレーシアと提携国で学ぶツイニング・プログラムや、海外の大学によるマレーシア国内での分校の開設（四校）、「3＋0」とよばれマレーシア国内のみの履修で海外の学位が取れるシステムなど、その形態は様々である。英語を教授言語とし、特に学部段階では経済・ビジネス・ITなどの資格や技量に直結した分野が多いこうしたプログラムは、国内の学生のみならず、海外からの外国人留学生を多数惹きつけるようになっている。

この結果、マレーシアは、かつての留学生送り出し大国から、外国人留学生の受け入れ国に転じ、一九九九年にわずか約三五〇〇人だった受け入れ留学生数は、二〇〇二年には約二万九〇〇〇人となり、二〇〇八年には約六万九〇〇〇人の留学生が学ぶようになった。そのうち、国立大学に学ぶ留学生は約一万八〇〇〇人余りであるのに対し、私立高等教育機関には五万人余りが学んでおり、ここでも私立高等教育機関の存在感が強まっている。こうした高等教育戦略の背景には、国際交流の拠点として国際社会でのプレゼンスと経済発展のための人材獲得をめぐり、アジア諸国が競って展開している留学生獲得競争の影響がある。近隣のシンガポールやタイが、それぞれ地域の教育ハブとなることを戦略目標に掲げているのと同様に、マレーシアも地域教育拠点を目指している。二〇〇四年に教育省から高等教育省が分離独立し、高等教育行政を集中して担うようになったのも、こうした戦略の重点化があったからといえる。ただし留学生戦略の競争は大変厳しく、二〇一〇年までに一〇万人の留学生受け入れを掲げてきたマレーシアは、二〇〇九年に入ってその目標を八万人に下方修正した。しかしながら、二〇一一年に高等教育省が発表した国際化政策によれば、二〇一五年までに一五万人を、さらに二〇二〇年までに二〇万人の留学生受け入れを目標として掲げている。

アジア、中東およびアフリカ諸国からの移動を視野に入れた留学生政策

マレーシアの留学生政策で特徴的なのは、留学生の国際移動という観点から実にユニークな戦略を展開していることである。一九九〇年代後半から急増したマレーシアへの留学者のうち、当初は中国人留学生が全体の三割を占めていた。しかしながら近年では、引き続き中国人留学生が絶対数では多いものの、かわってインドネシアからの留学生が急増しており、加えて中東諸国（イラン、イエメン、イラク、サウジアラビアなど）や、アフリカ諸国（ナイジェリア、ボツワナ、スーダン、ソマリア、リビア、ケニアなど）からの留学生が増加し始めている（図1および表1参照）。さらに、同じアジアでも、バングラデシュ、パキスタン、モルディブ、インド、スリランカなど南アジアの国々も含まれる。この背景には、中国が留学生の受け入れにも積極的に取り組み始めたことに加え、マレーシアが観光や貿易と結びついたかたちで中東諸国との連携を深め、かつアフリカ諸国とは南南協力や人材育成支援も含めて結びつきを強化する国際戦略をとっていることがあげられる。また南アジアからの留学は、地理的・宗教的な要因に加え、いずれも旧英領植民地という共通性もみられる。

ただ実際には、そうした政策の意図とは別に、結果として、マレーシアを最終目的地にする

図1　マレーシアの受け入れ留学生の推移

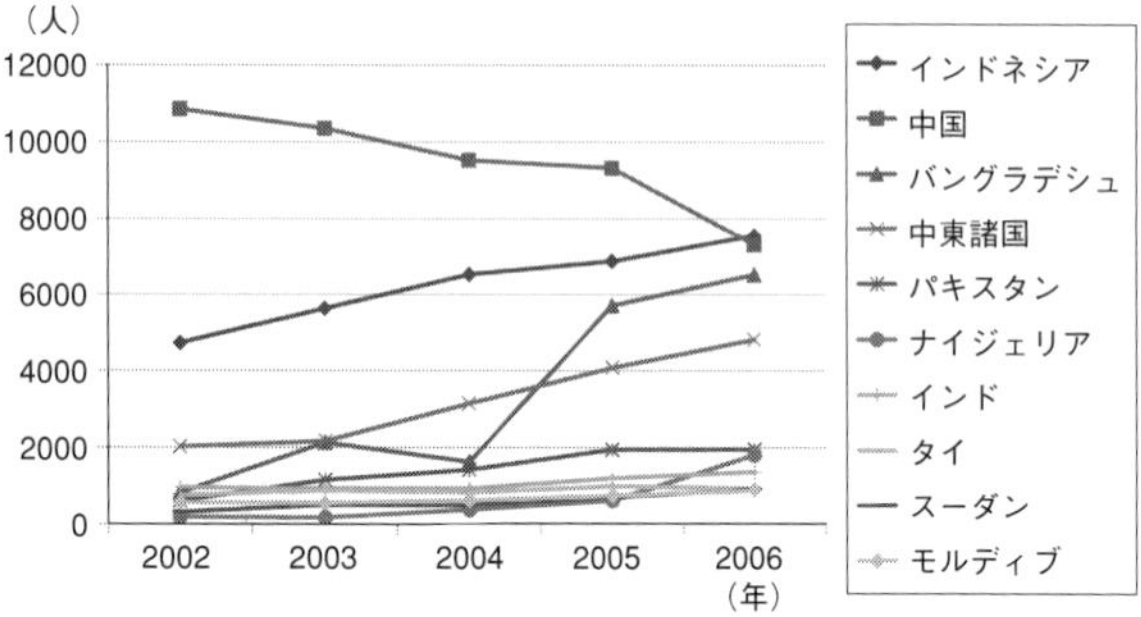

出典：Morshidi Sirat, "Attracting International Students to Malaysia: The East Factor", presented at the Research Seminar on International Students Policy at Sophia University, June 14, 2008.

のではなく、マレーシアのトランスナショナル・プログラムを利用し、比較的安い費用で英語を習得した上でイギリスやアメリカ、カナダ、オーストラリアなど欧米の英語圏に再留学することを狙う留学生も出てくるようになり、それが留学生増加の一因となっている。言い換えれば中東やアフリカを、アジアを介して欧米と結ぶ国際学生移動の「トランジット・ポイント」となっているのである。こうした多様な学生の移動は教職員の国際移動も促し、かつ、欧米のトランジット先の国々がマレーシアとの連携をより強化しようとする誘因ともなっている。こうした状況の下、ある私立大学の教室では、中国、インドネシア、ナイジェリア、オマー

表1　マレーシアにおける留学生の出身国と在籍機関
(2008年12月現在)

順位	国名	私立高等教育機関	国立高等教育機関	計
1.	中国	2,385	7,970	10,355
2.	インドネシア	3,828	6,192	10,020
3.	イラン	2,998	3,247	6,245
4.	ナイジェリア	538	5,516	6,054
5.	バングラデシュ	418	3,168	3,586
6.	イエメン	1,212	1,846	3,058
7.	ボツワナ	4	2,358	2,362
8.	スーダン	632	1,407	2,039
9.	イラク	1,186	467	1,653
10.	パキスタン	175	1,475	1,650
11.	ソマリア	709	780	1,489
12.	モルジブ	254	1,211	1,465
13.	サウジアラビア	599	858	1,457
14.	タイ	821	623	1,444
15.	リビア	671	759	1,430
16.	インド	274	1,136	1,410
17.	スリランカ	92	1,068	1,160
18.	韓国	38	923	961
19.	ケニア	59	741	800

出典：マレーシア出入国管理局（2009年1月発表）

ン、モルディブからの留学生が共に学ぶという興味深い様相がみられる。

知識基盤社会を目指す高等教育戦略

以上述べた高等教育の変容をもとに、マレーシアではさらなる高等教育戦略が進行中である。二〇〇七年に発表された「高等教育戦略計画（二〇〇七―二〇年）」では知識基盤社会を目指す人材資本の開発が強調された。この戦略は「一九九六年教育法」をはじめ、二〇〇七年に示された戦略計画「マレーシアと知識基盤経済・・世界レベルの高等教育を目指して」等を受けてまとめられたものであり、教授学習、研究開発、地域コミュニティに対する貢献ならびに高等教育機関の拡充などの高等教育制度、財政に言及している。

この結果、「高等教育戦略計画」では、高等教育の門戸拡大と公平性、教授学習過程の質の改善、研究改革の推進、高等教育機関の拡充、国際化の重視、生涯学習の拡充、高等教育省の強化が掲げられた。具体的には、中等教育修了生の高等教育進学率を五〇パーセントまで向上させるとともに、労働力人口の三分の一が高等教育修了者となるようにすること、英語の使用機会の拡大、研究重点大学の設置、重点大学（ＡＰＥＸ）の選定と研究教育の向上、諸外国の教育機関との連携強化、高等教育人口における留学生受け入れ比率の向上（目標値一〇パーセント）および外国人教員の比率の向上（同一五パーセント）といった施策が示されている。

深刻化する高等教育の質保証

同時に、高等教育の質保証の問題が改めて焦点化されたことも注目される。アブドラ首相（当時）は、二〇〇四年一月の国家経済行動評議会の席上、高等教育の量的拡大が急速に進む一方で、教育制度の質の問題に言及し、競争力のあるグローバル人材育成の必要性を強調した。マレーシア政府は、すでに一九九六年に、質保証機関としての「国家認証委員会（ＬＡＮ）」を設立し、主として私立高等教育機関の質保証に取り組んできた。また二〇〇一年には教育省内部に「質保証局（ＱＡＤ）」を設置し、国立の高等教育機関の体制を整えていたが、二〇〇七年に両者を統合して新たに「マレーシア認証評価委員会（ＭＱＡ）」を立ち上げた。ＭＱＡの役割は、「マレーシア認証評価フレームワーク（ＭＱＦ）」に即して高等教育機関全体の認証評価を担うことにあり、ＭＱＦに盛り込まれた求められるべき人材像と高等教育のラーニングアウトカム項目にそって質保証が行われる。

こうした質保証活動強化の背景には、単に国内の教育問題にとどまらず、学生が海外留学を含めて多様なプログラムを履修しようとする際に、質保証によって単位の互換や認証を受けることができれば、トランジット化を含めた国際移動をより活発化させることができるという認識がある。このため、MQAの認証評価活動は他国との連携にも配慮がなされ、オーストラリアやニュージーランド、タイ、シンガポールなどの認証評価基準も考慮されている。

国際化に伴う課題——対外戦略と国民統合問題とのバランス

このように、マレーシアの高等教育政策は、国際化の波のなかで、急展開を遂げつつある。しかしながらそうした対外戦略が、同時に、マレーシア国内においては新たな内政問題を引き起こしていることにも留意すべきであろう。

（1）英語の再評価と国語政策との葛藤

第一に英語によるトランスナショナル・プログラムの導入に伴う言語問題である。既述のとおり、マレーシアは建国以来一貫してマレー化政策を掲げ、高等教育の教授言語も原則として

図２　マレーシアの高等教育戦略と課題

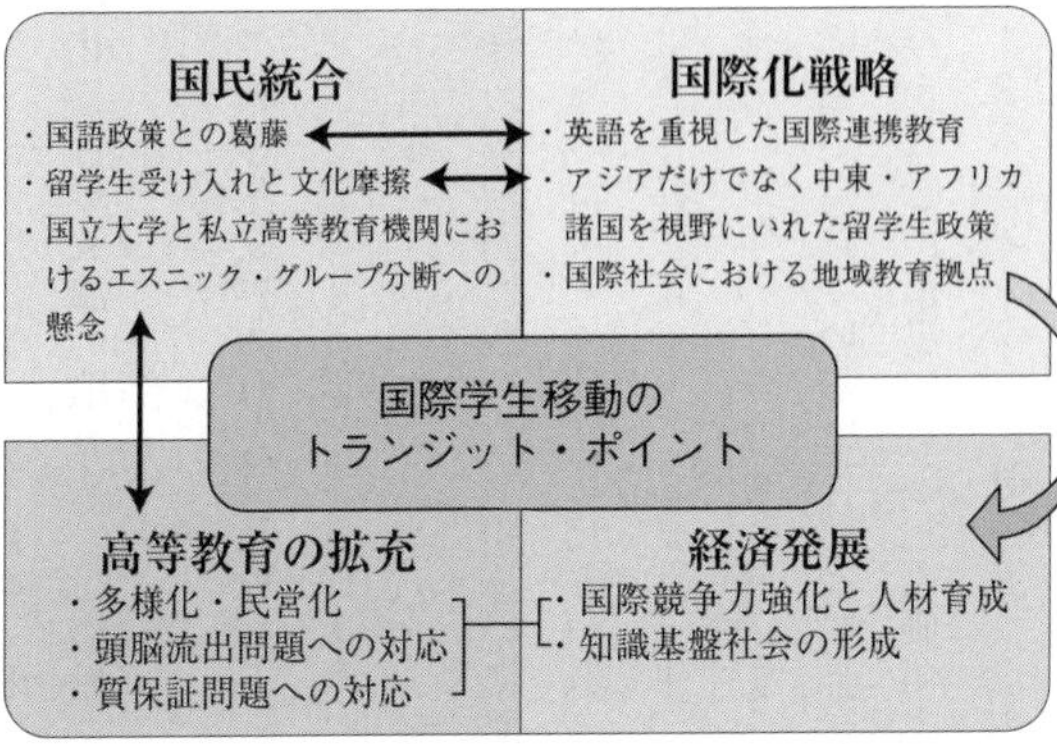

出典：筆者作成

国語であるマレー語とされてきた。しかしながら諸外国とのプログラム連携を行う上では、英語が必要不可欠とされ、その結果、高等教育の様相は一変した。折しも人材育成の視点から、二〇〇三年にはマレーシアの教育全体で理数系の科目を英語で教えることが義務づけられ、英語使用の是非をめぐる論議が過熱した。この結果、従来はマレー化政策を支持するマレー系に対し、それに反対する中国系やインド系の対立という構図がみられたのが、英語重視政策が導入されたことにより、それを評価するインド系と一部の中国系に対し、マレー系の保守派層ならびに中国系の一部が反対するという新たな対立の構図が生じ、旧来のエスニック・グループの関係が変容している。こうした一連の論議をうけ、理数系科目の英語教授は再びマレー語に戻されることとなったが、国際化に伴う英語の取り扱いは微妙な政治問題となっている。

(2) 留学生受け入れと文化摩擦

第二に、急増する留学生受け入れに伴って起こる文化摩擦である。例えば中国人留学生と中国系、あるいは中東諸国からのイスラーム教徒とマレー系の間では、言語や宗教が同じながら、考え方や価値観・習慣の違いに双方が戸惑っている。マレーシアの留学生政策の上では、海外からの留学生招致にあたり類似の文化があることを大きな利点として強調しているだけに問題はさらに複雑である。また元来、多文化社会として異文化に対して比較的柔軟なマレーシア社会も、近年のアフリカからの留学生増加に伴い、これまでになかった新たな異文化摩擦への対応を迫られている。「高等教育戦略計画」(前出)のなかで、英語の重要性が強調され、グローバルな経済市場に対応した価値志向型プログラムの導入やインターンシップの導入、コンピューターやエンジニアリング、会計学、法律学などを重視し、理工系と人文系の学生比率を六対四にすることなど、極めて実利志向的な提案を示しながら、その一方で、マレー語やイスラーム研究といった科目が高等教育のなかで引き続き重視されているのは、国際化のもとで国民統合の柱を改めて再確認しようとする動きと考えられる。

（3）国立と私立の間のエスニック・グループ分断

第三に私立高等教育機関の台頭により、国立大学との間での差異化が進み、それがエスニック・グループ関係に影響を及ぼし始めていることである。私立の高等教育機関には、マレー系優先のクォーター制度（前出）により進学が制限された中国系やインド系が多く進学し、結果としてマレー系を中心とした国立大学に対して、私立大学の学生の八割は非マレー系となっている。こうしたことから生じるエスニック・グループ間の分断は、これまでマレーシアが教育政策の最重要目標としてきた国民統合とは逆行する動きである。

このように、マレーシアの高等教育戦略は国際化と知識基盤社会実現を目指して拡充を図ろうとしているものの、そのことが同時に国民統合の問題を複雑化している。高等教育の国際展開におけるトランジット・ポイントとしてのマレーシアの可能性は、経済発展の鍵となる対外戦略の進展と多民族社会における国民統合というジレンマのなかで微妙な舵取りが求められている。

【参考文献】

杉村美紀「高等教育の国際化と留学生移動の変容・マレーシアにおける留学生移動のトランジット化」『上智大学教育学論集』第四四号、二〇一〇年三月、三七～五〇頁。

我妻鉄也「マレーシアにおけるオフショアプログラムの受入れ—豪州大学の分校を事例として—」『アジア・オセアニアにおける留学生移動と教育のボーダーレス化に関する実証的比較研究』平成十九～二十一年度科学研究費補助金研究最終報告書（研究代表・杉村美紀）、二〇一一年一月、一二三～一三六頁。

Ministry of Higher Education Malaysia, *Higher Education Malaysia : Internationalisation Policy 2011*, July 2011.

TAN, Irene Ai Lian,"An Exploration of African Students in Malaysia", *International Student Mobility and Transnational Higher Education in Asia and Oceania (Report of Grants-in-Aid for Scientific Research by JSPS 2007-2009, Project Leader : SUGIMURA Miki) Jan. 2011, pp. 137-144.*

第七章　インドネシア

――高等教育の巨大市場と人材育成戦略――

名古屋大学大学院教育発達科学研究科教授
服《はっ》部《とり》美《み》奈《な》

国立インドネシア大学

はじめに

インドネシアは、中国、インド、アメリカに次ぐ世界第四位の人口二億三〇〇〇万人を抱える大国である。一九九七年の経済危機によって大きな打撃を受けたが、その後の政権交代により民主化へと大きく舵を切り、新生インドネシアが徐々に力を蓄えつつある。現ユドヨノ政権下での経済成長は順調で、GDP成長率はここ数年、平均四・五〜六・三パーセントを推移している。

街並みや街を行き交う人々の姿も一九九〇年代とは様相を異にしている。大型ショッピングモールの賑わいや、富裕層をターゲットにした設備の整った私立学校の急増は、この国が確実に豊かになっていることを実感させる。本稿では今ダイナミックに変化するこの国の高等教育戦略を追ってみたい。

高等教育の一大市場

国家教育省が管轄する二〇〇九・一〇年度のインドネシアの高等教育機関数は三〇一一校で、その約九七・二パーセントにあたる二九二八校が私立である。高等教育機関は、総合大学

表1　インドネシアの高等教育機関数（2009／10年度）

＜国家教育省管轄＞

	総合大学	インスティテュート	単科大学	アカデミー	ポリテクニク	計
国立	48	6	2	0	27	83
私立	412	47	1,314	1,015	140	2,928
計	460	53	1,316	1,015	167	3,011

出典：*Daftar Tabel Data Pendidikan Perguruan Tinggi (PT) Tahun 2009/2010.*

＜宗教省管轄＞

	総合大学	インスティテュート	単科大学	アカデミー	ポリテクニク	計
国立	6	14	32	－	－	52
私立	87	26	409	－	－	522
計	93	40	441	－	－	574

出典：*Daftar Tabel Data Pendidikan Perguruan Tinggi Agama Islam (PTAI) Tahun 2009/2010.*

（universitas）、インスティテュート（institut）、単科大学（sekolah tinggi）、アカデミー（akademi）、ポリテクニク（politeknik）に分かれる。そのうち私立で最も多いのが単科大学一三一四校であり、総合大学は国立四八校、私立四一二校となっている。一般的に国立総合大学の人気が高いが、バンドゥン工科大学やボゴール農科大学は国立インスティテュートとして名高い。

また私立総合大学のなかにも、首都ジャカルタにあるキリスト教系のトリサクティ大学やアトマ・ジャヤ大学、中部ジャワ州サラティガ市にあるキリスト教系のサトナ・ワチャナ大学など、有名私立大学も多数存在する。

前述の高等教育機関に在籍する学生数（大学院生を含む）は二〇〇九・一〇年度で約四三三万七〇〇〇人である。内訳をみると、国立総合大学に約一六八万人、私立総合大学に約一三四万七〇〇〇人が在籍している。日本の学生数（大学院生を含む）が二〇〇九年に約二八四万六〇〇〇人（うち国公立が約七五万九〇〇〇人）であることを考えると、インドネシアの高等教育市場の大きさを推し量ることができるであろう。ちなみに前述の学生数に含まれる大学院生数は、インドネシアが約二五万人、日本が約二六万四〇〇〇人であり、その規模は若干日本より少ないものの、ほぼ同じである。大学院の発展も軽視できないのである。

インドネシアの高等教育進学率は、全高等教育機関を含めて約一七・五パーセントとされており、今後も年々上昇していくと予測される。このようにインドネシアの高等教育は人口規模の大きさと進学熱に後押しされて順調に発展し、高等教育の一大市場を形成している。

もう一つの系としてのイスラーム高等教育機関

ところで、インドネシアには前述した国家教育省が管轄する高等教育機関の他に、もう一つの系として宗教省が管轄するイスラーム高等教育機関が存在している。二〇〇九・一〇年度のイスラーム高等教育機関数は五七四校で、その約九〇・九パーセントにあたる五二二校が私立である。イスラーム高等教育機関は、総合大学、インスティテュート、単科大学に分かれ、そのうち私立で最も多いのが単科大学四〇九校である。一方、総合大学は国立六校、私立八七校、インスティテュートは国立一四校、私立二六校となっている。

国立総合大学の六校は、二〇〇〇年以降始まったイスラーム高等教育機関の総合大学化政策によって、インスティテュートから再編されたものである。現在、残りのインスティテュートも総合大学化を目指して改革を行っている。また、イスラーム高等教育機関に在籍する学生数（大学院生を含む）は二〇〇九・一〇年度で約五五万一〇〇〇人である。ちなみに前述の学生数に含まれる大学院生数は約六五〇〇人となっている。

これらのイスラーム高等教育機関は、宗教教師やイスラーム裁判員、宗教省公務員、イスラーム指導者といった宗教関連の専門家を育成する機能をもち、インドネシア高等教育の重要な一翼を担っている。人口の約九割にあたる約二億人のイスラーム教徒を擁する国家ならではの特徴であるといえるであろう。

以上のような高等教育の二元的構造のもと、現在インドネシアではワールド・クラス大学（WCU）を目指す高等教育改革が大胆に進められている。以下、近年顕著な動向についてみてみたい。

教員・大学教員法の制定とサンドウィッチ・プログラムによる留学促進

従来からインドネシアでは、大学教員に対して「教育・研究・社会貢献」の三つの職務「トゥリダルマ」が強調されてきたが、二〇〇五年に制定された教員・大学教員法において、改めて教員および大学教員が専門職であることが確認されると同時に、大学教員として満たすべき条件や資格、職務などが明文化された。

その一つが、大学教員の学位に関するものである。高度な専門性と学位を有する大学教員が少ないことが、インドネシアでは長年にわたり懸念されてきた問題であった。そこで今回の法律では、学士課程およびディプロマ課程で教えるためには修士号の学位、大学院で教えるためには博士号を取得していることが、大学教員として満たすべき最低限の資格であることが定められたのである。

ところが、二〇〇九・一〇年度の統計によれば、国家教育省が管轄する高等教育機関に勤務する全国約一五万八〇〇〇人の常勤教員のうち、博士号取得者は約一万人、修士号取得者は約四万人、宗教省が管轄する高等教育機関に勤務する全国約三万人の常勤教員のうち、博士号取得者は約二七〇〇人、修士号取得者は約一万八〇〇〇人とされている。つまり現在、この新法で定める最低限の基準である修士学位を取得している常勤教員は四割弱に留まっていることになる。一方、国家教育省高等教育総局の戦略計画は、二〇〇九年までに修士号以上の学位を取得した大学教員を七〇パーセントまで引き上げることを目標としていた。

高等教育総局は二〇〇八年以降、国家教育省の予算により、現職大学教員に対して海外で博士号を取得するためのサンドウィッチ・プログラム奨学金を受給している。サンドウィッチ・プログラムとは、国内の博士課程に在籍しながら、海外の協定大学に一定期間在籍することによって学位を取得するプログラムである。二〇〇八年には国内の博士課程に在籍する七八二名の現職大学教員が世界二七カ国に派遣され、最低四か月間のサンドウィッチ・プログラムを受講している。二〇〇九年にも引き続き四〇〇名の現職大学教員に対してこの奨学金が受給され、三二億ルピア（日本円で約一千万円）が予算化された。

政府は現在も継続して、積極的に現職大学教員の修士号、博士号取得のため、海外留学や内地留学を促進する政策を実施している。つまり、政府は「大学教員の質が大学教育の質を決定する」という考え方のもと、大学教員の学位取得率の向上によって、大学教育の質の向上を図ろうとしているのである。

大学評価システムの強化

高等教育の質の向上に対するニーズの高まりにより、適格認定システムが大きく再編された。一九九四年に設立された全国大学基準委員会（ＢＡＮ：Badan Akreditasi Nasional）は当初、高等教育総局の一ユニットであったが、一九九八年に高等教育全国基準委員会ＢＡＮ－ＰＴとして再編され、国家教育大臣に直属する独立した組織となった。

新しい適格認証システムの顕著な特徴は、国立・私立を問わず、すべての高等教育機関のプログラムが評価の対象となっていることであり、私立大学のみが対象だった従来の評価システムとは性質を異にしている。この再編は、私立大学に比して国立大学の教育の質が高いというこれまでの暗黙の常識を覆すものでもあった。

図1　インドネシアの高等教育改革戦略

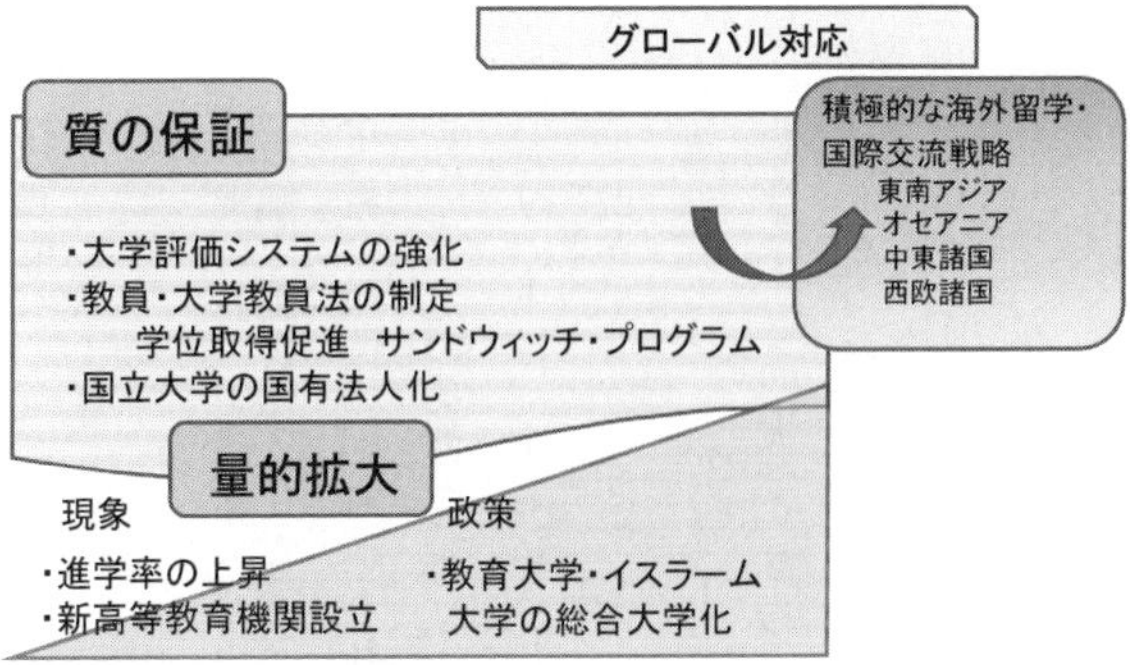

出典：筆者作成

第一段階として一九九八年に国立・私立の二〇九機関で提供される学士課程プログラムの評価結果が公表され、国立高等教育機関一〇校一八プログラムがD評価を受けた。当時の評価は七〇〇点満点で、四〇〇点以上なら基準認定されるが、四〇〇点未満はD評価となり、基準認定されない。A評価を受けたプログラムは、他の同種のプログラムに対して指導の権限をもつ。一方、D評価を受けたプログラムは、A評価を受けたプログラムの指導のもとに改善が図られる仕組みになっている。なお、A評価は六〇一点以上、B評価は五〇一～六〇〇点、C評価は四〇〇～五〇〇点とされた。

大学評価システムの強化は、私立大学のみならず国立大学にも緊張感を与え、各大学における教育研究の質の向上と改革に一定の強い影響力を及ぼしている。そして大学間の競争を促しているといえる。

大学の再編―国有法人化と総合大学への移行

国立高等教育機関の国有法人化は二〇〇〇年に始まった。ただしインドネシアの場合、日本とは異なり、一定の条件が整った高等教育機関から順次、国有法人化される形をとっている。この形のメリットは、国有法人化を希望する大学がその基準を満たすよう大学を改善しようとすることで改革意識が生まれることであろう。国有法人化された大学には、財政、人事、資産運営、教育研究などに関する自治が与えられる。二〇〇〇年代以降、最初に国有法人化されたのは、いわゆる主要四大学のインドネシア大学、ガジャマダ大学、ボゴール農科大学、バンドゥン工科大学であった。その後、インドネシア教育大学など二〇一〇年現在までに前述の大学に加えて三大学が法人化されている。

同時に二〇〇〇年代以降、国立教育大学ＩＫＩＰ（Institut Keguruan dan Ilmu Pendidikan、以下、ＩＫＩＰ）と国立イスラーム宗教大学ＩＡＩＮ（Institut Agama Islam Negeri、以下、ＩＡＩ

N）の総合大学への移行が進められている。総合大学への移行の主な理由は、第一に国立大学の定員拡大、第二に質の高い学生の入学確保、そして教育の質の向上を図る目的があったとされている。

全国に一〇設置されていたＩＫＩＰが二〇〇〇年九月までに総合大学に移行した。これに伴い、ＩＫＩＰの名称は総合大学 universitas へと変更された。最も有名なバンドゥン教育大学 IKIP Bandung はインドネシア教育大学 Universitas Pendidikan Indonesia に名称変更され、教育学以外のコースが提供されるようになっている。また、ＩＡＩＮの総合大学への移行については、二〇〇二年にジャカルタのシャリフ・ヒダヤトゥッラー国立イスラーム宗教大学が、総合大学としてのシャリフ・ヒダヤトゥッラー国立イスラーム大学 Universitas Islam Negeri Syarif Hidayatullah に移行したことを端緒に、二〇一〇年までに六つの国立イスラーム宗教大学が総合大学へと移行している。

総合大学化されたイスラーム大学では、従来の「イスラーム法学部」を「イスラーム法・一般法学部」に、「ダッワ（宣教）学部」を「ダッワ・コミュニケーション学部」などに再編し、イスラームと一般学問を分離しない知の統合が目指されている。イスラーム大学への移行は、多様な学問の受容や新しい知的伝統が、イスラーム高等教育を一層発展させる重要な契機になると考えられている。

積極的な国際交流・戦略

大学教員の学位取得推進政策にもみられるように、インドネシアでは海外の大学への留学が奨励されている。特に、マレーシア、シンガポールなどの東南アジア諸国のほか、オーストラリアにも多くの留学生を送り出している。例えば、マレーシア高等教育省で入手した資料によれば、マレーシアの高等教育機関に留学している外国人留学生の総数は二〇〇八年の統計で約六万九〇〇〇人とされるが、うちインドネシアからの留学生は九三五八人であり、出身国別にみると最も多くなっている。

このような海外留学の傾向はイスラーム高等教育機関も同様である。IAINおよびイスラーム大学は、エジプトのアズハル大学をはじめとする中東諸国だけでなく、これまでにもアメリカのシカゴ大学、コロンビア大学、オハイオ大学、カナダのマッギル大学、オーストラリアのオーストラリア国立大学、メルボルン大学、モナシュ大学、オランダのライデン大学をはじめ、多くの主要大学との間に協力関係を築いている。これにより、古典的なイスラーム学の伝統と西洋の宗教研究における方法論を身に付けた新しい世代の知識人たちが育成され、インドネシア独自のイスラーム研究を発展させている。

インドネシアの高等教育の強みは、グローバル化時代のなかで積極的に世界のリソースを活用し、また東南アジア近隣諸国をはじめとする各国との連携を強めていることである。同時に、イスラーム教徒が多数派を占める国として、中東諸国との交流関係を維持していることにある。つまり、高等教育交流を通して世界の多様な地域と関係構築を進めているといえる。

おわりに

今後、インドネシアの高等教育就学率はさらに上昇し、高等教育機関の在学者数がますます増加することは確実である。そして海外留学を通して広がる高等教育の国際ネットワークは、インドネシアの今後の国際学術交流を豊かにさせると同時に、研究の発展を促進していくことが予想される。特に東アジアおよびＡＳＥＡＮ間のネットワークは、留学送り出しだけでなく、留学受け入れ国としても将来的に発展していく可能性を充分有している。また本章では触れることができなかったが、一九九九年以降の地方分権化の推進により、各地域の大学はそれぞれの持ち味を生かした高等教育改革を行っている。その意味で、国家単位の高等教育改革もさることながら、多様性に満ちた各地方の高等教育の動向にも注目していくべきであろう。

日本は東南アジア地域との関係強化のためにも、積極的に当該地域の学生や大学教員との相互交流を促進すべきである。学部生のみならず、修士号、博士号取得を希望する学生や現職の大学教員の需要は高く、その受け皿の一つを日本の大学が担うことは、将来的な関係構築のためにも非常に重要なことである。

【参考文献】

文部科学省ホームページ「学校基本調査―平成二一年度（確定値）結果の概要」(http://www.mext.go.jp/b_menu/toukei/chousa01/kihon/kekka/k_detail/1288104.htm)

Badan Akreditasi Nasional (http://ban-pt.kemdiknas.go.id/)

Direktorat Jenderal Pendidikan Tinggi, Kementerian Pendidikan Nasional (http://dikti.kemdikbud.go.id/)

Kementerian Pengajian Tinggi Malaysia, *Perangkaan Pengajian Tinggi Malaysia 2009*, 2010.

Pusat Statistik Pendidikan, Badan Penelitian dan Pengembangan, Departemen Pendidikan Nasional, *Daftar Tabel Data Pendidikan Perguruan Tinggi (PT) Tahun 2009/2010* (http://www.psp.kemdiknas.go.id/uploads/Statistik%20Pendidikan/0910/index_pt(1)_0910.pdf)

Pusat Statistik Pendidikan, Badan Penelitian dan Pengembangan, Departemen Pendidikan Nasional, *Daftar Tabel Data Pendidikan Perguruan Tinggi Agama Islam (PTAI) Tahun 2009/2010* (http://www.psp.kemdiknas.go.id/uploads/Statistik%20Pendidikan/0910/index_pt(2)_0910.pdf)

Universitas Islam Negeri (UIN) Syarif Hidayatullah Jakarta (http://www.uinjkt.ac.id/)

Undang-Undang Republik Indonesia Nomor 14 Tahun 2005 tentang Guru dan Dosen (30 Desember 2005)

第八章　ベトナム

―膨張する高等教育をどのように質保証するか―

神戸大学大学教育推進機構教授
近《ちか》田《だ》政《まさ》博《ひろ》

ホーチミン市国家大学傘下の社会人文科学大学

ベトナム高等教育の謎

初めてベトナムの大学を訪問した人はたぶん拍子抜けするだろう。たいていの場合、市街地にあるベトナムの大学キャンパスはおもちゃのように小さい。統計上の学生数は何万人もいるはずなのに、この程度の規模で収容できるのだろうかと思ってしまう。入口周辺はオートバイと自転車置き場に占拠され、狭い敷地を囲むように教室が並んでいる。門と校舎に掲げられたTruong Dai Hoc（大学）という看板と中庭に咲く火焔樹の花以外には、取り立てて特徴がない。キャンパスの隅には申し訳程度に食堂や購買が備わっているが、いたって簡素だ。同じ社会主義国である中国の大学の圧倒的偉容とは大きな違いがある。ベトナムでも最近では郊外の大規模キャンパスに移転する事例はあるが、あまり多くはない。そして、ベトナムの大学ではあまり多くの教員の姿を見かけることがない。この国は発展途上国のなかでも識字率や初等教育普及率が高水準にあることで知られるが、大学教育にはあまり関心を払っていないのだろうか。

実のところ、ベトナムには大学一八八校、短大二二六校、合計四一四校の高等教育機関が存在し、就学者は二一六万人にのぼる（二〇一〇年九月時点）。同様の経済規模にある発展途上国と比較すると、ベトナムの高等教育規模は巨大だとすらいえるだろう。裏返せば、限られた教育予算を多くの大学に細切れに配分するので、各大学は常に財源不足の状態にある。ベトナムの経済水準や政府の財政規模を考えれば、これほど多くの大学を維持するのは不相応ではないかと思えてしまう。ベトナムの大学関係者もこの点を知悉している。

これには次のような歴史的経緯がある。ベトナムでは市場経済が導入される以前、旧ソ連の大学制度を参考にして、分野別に細分化した専門大学（例えば交通運輸大学、貿易大学、鉱山地質大学といった具合）を数多く設立した。これは多くの社会主義国に共通する方式だが、独立以来戦争が続き、国力の乏しいベトナムには財政的にかなり無理があった。さらに市場経済導入後の九〇年代以降には、専門大学の大部分を温存したままで、欧米型の総合大学、民立・私立大学（両者の違いは参考文献『ベトナム二〇〇五年教育法』参照）、オープン・ユニバーシティなど新しいタイプの大学が次々に乱立した。このうち地方の大学、民立・私立大学、短大は小規模のところが多く、いわゆる「規模の経済」が十分にはたらかないのである。

ベトナムの政府統計には就学率という項目は存在しないが、就学者数からおよそ推計することはできる。筆者の計算では、今日では同年齢人口の約三割が大学・短大に進学していると考えられる。これは全国平均なので、都市部ではもっと高いはずだ。マーチン・トロウのモデルを援用するならば、ベトナムの大学教育はすでにマス段階に入っているといえるだろう。それにしては、ベトナム社会のなかで大学の存在感はそれほど大きいわけではない。政府からも、マスコミからも、産業界からも、国民からも、「我が国の大学教育は時代遅れで、社会発展のニーズを満たしていない」といつも槍玉にあげられている始末である。

ベトナムの大学生の日常風景

そんなベトナムの大学において、学生や教員がどのような日常を送っているかを紹介しよう。ベトナムの若者にとって、都会はいろいろな誘惑に満ちている。経済的に中流以上の家庭ならば、大学生でもオートバイや携帯電話をもつのは珍しくない。最近の若者の間ではiPhoneが大流行しており、都会にはシネコンやゲームセンターも随所にある。カフェやバーは通りの至る所にある。ベトナム語で遊びに出かけることを「ディ・チョイ」というが、黙々と受験勉強して田舎から出てきた大学新入生は、都会育ちの裕福な同級生が親からもらったお小遣いでスマートに「ディ・チョイ」しているのを目の当たりにして、いささかショックを受けるようだ。最近では、過保護で何不自由なく育てられた若者にハングリー精神が乏しくなったと指摘する大学教員は少なくない。ベトナムの若者にとって、ベトナム戦争は両親が子どもだった頃の昔話である。その点では、敗戦後の焼け跡でサツマイモを食べて空腹を満たした世代の子どもが、八〇年代のバブル景気に踊った日本の状況に似ていなくもない。典型的なバブル世代の筆者は、ベトナムの若者を見ると既視感に襲われることがある。

ベトナムでは子どもを甘やかす文化（ベトナム語で「チエウ・コン」という）が伝統的に根強く、結婚するまで親が子どもを経済的に丸抱えするという習慣がある。社会保障が不十分なために老後を子どもに頼るしかなかった時代の名残かもしれない。青年期になったら親からの経済的・精神的自立を促す、あるいは授業料は学生本人が就職後にローンとして返済するという西欧的な価値観は、ベトナム社会ではほとんど支持されていない。我が子に質の高い教育を受けさせることは家族の大きな関心事である。高度経済成長が続いているので、子どもの補習や習い事に多額の投資を行う家庭は少なくない。ただし、経済的に困窮している家庭は子どもへの教育投資能力にも限りがあるので、著しい所得格差は不可避的に教育機会の格差を拡げているといえるだろう。

図1　ベトナムの高校、短大、大学の就学生数

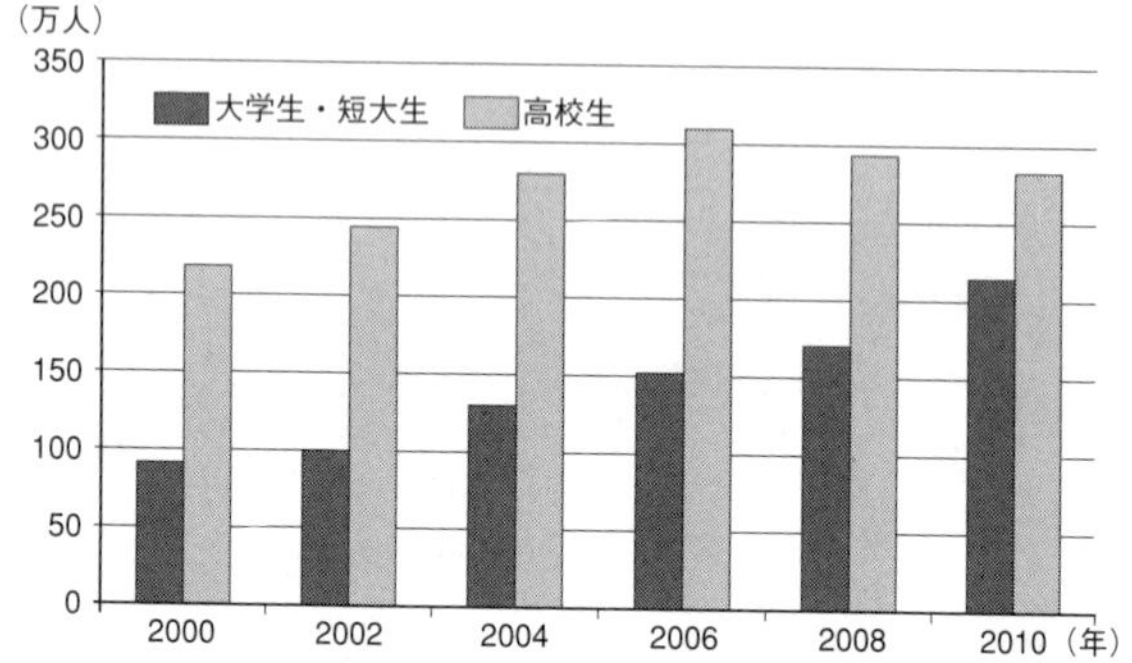

出典：ベトナム教育訓練省ＨＰ『1999-2000学年度～2010-2011学年度教育総覧』(ベトナム語)
http://www.moet.gov.vn/?page=11.10&view=3544 (2012年3月20日参照)
教育訓練省『教育訓練統計2010-2011』2011年、189-190、258-259頁（ベトナム語）をもとに筆者が整理・集計

アジアの他の国と同様に、ベトナムでも受験競争はそれなりに激しい。高校三年生の卒業直前（六月）には、ベトナム語（原語では文学）、数学、外国語（大多数は英語）に加えて三つの選択科目、合計六科目の卒業試験を受ける。さらに、翌月には三科目（希望大学の専門分野によって受験科目は異なる）からなる全国統一大学入試を受験する仕組みとなっている。卒業試験と大学入試がほぼ同時期に重なるので、受験生は勉強漬けの日々を送ることになる。首尾よく合格できれば、晴れて九月から大学生となる。

人気のある大学・学部の競争倍率は非常

に高い一方で、大学に進学すること自体はかなり易しくなっている。少子化の影響で、高校就学者数が二〇〇六年をピークに減少に転じたのに対し、大学・短大への進学者は増加する一方である（図1参照）。このことは、高校卒業生のうち大学進学者の割合が増加していることを意味する。近年では公立以外の大学（民立大学や私立大学）が増加しており（二〇一〇年九月現在五〇校）、公立大学の受験に失敗した学生の受け皿となっている。

田舎から都会の大学に出てきた学生は、運がよければ大学の学生寮に入るか、親戚の家に下宿するか、あるいは友だちとシェアして民家の一室を借りることになる。概してベトナムの大学には学生寮が不足しており、希望者が全員入れるわけではない。中国やアメリカでは大学新入生の多くは学生寮に入るので、キャンパスは日常のほとんどを過ごす生活空間であるのに対し、ベトナムの大学生にとって大学はもっぱら学習の場に限られる。公立大学では政府から大学への運営費交付があるので、授業料は年額一万五千円程度に抑えられている。この額は携帯電話を購入する費用よりも安く、授業料自体はベトナム人平均的家庭にとってそれほど大きな負担ではない。

キャンパスから一歩外に出れば、道路沿いに様々な軽食屋台や大衆食堂があふれているので、昼食は必ずしも学内で食べる必要はない。ただし、いくら親や親戚が支援してくれても、都会での日常生活にはそれなりにお金がかかる。授業料、書籍費、食費、家賃に加えて、若者である以上、交際費やおしゃれにもそれなりの費用がかかるので、学生は様々なアルバイトに精を出すことになる。人気のアルバイトは中学生や高校生の家庭教師である。都会ではカフェやレストランのアルバイトも少なくない。自宅通学が多く、キャンパス外での生活時間が多いという点で、ベトナムの大学生と日本の大学生は類似している。

大学の最初の二年間で一般教養を学び、残りの二年間で専門教育を学ぶ点も日本とよく似ている。ただし、社会主義独特の科目として、「ベトナム労働党史」「マルクス＝レーニン主義哲学」「ホーチミン思想」「科学的共産主義」などの政治思想科目、および軍事訓練は今日でも専門分野にかかわらず必修である。この点は同じ社会主義国の中国の大学と同様である。しかし、こうした政治思想科目の授業はともすれば教条的になりやすく、市場経済がすっかり定着している今日の現実社会とかみ合わなくなっている。ゆえに、これらの科目に対する学生の関心は決して高いとはいえない。こうした科目の今日的意義をあえて挙げるならば、長年の戦乱を経てようやく達成した独立と平和の重要さ、共産党一党制をとる必要性を若者に理解させ、その上で学生の愛国心や公共心を高めることなのかもしれない。

諸外国と同様に、ベトナムでも大学生の最大の関心事はよい就職先を見つけることである。大学は企業からの求人案内を掲示板やメーリングリストなどを通じて学生に紹介している。就職セミナーやインターンシップのプログラムも増えつつある。学生に人気のある就職先は著名な外資系企業であるが、こうした企業は求めるスキルや知識の要求水準が高く、競争倍率も激しい。また、待遇のよい仕事は都市部に集中しており、なにより農村の生活は刺激に乏しいので、大学生は卒業後に田舎に戻ることを好まない傾向がある。

ベトナムの大学教員の日常風景

授業や試験の時しか大学にやって来ないのは、学生に限ったことではない。教員もそれに近い状況にある。ベトナムの大学教員の月給は日本円にして一～二万円程度にすぎない。都市で家族を養うにはこれではとても足りない。そこで、教員は本務校での授業をこなしたあとは、非常勤講師として他大学で教えたり、高校生に補習授業を行って副収入を稼ぐのが一般的であり、日本の感覚では信じがたいが、こうした行為は本務校から公認されている。裏返していえ

図2　ベトナムの大学・短大教員がもつ学位

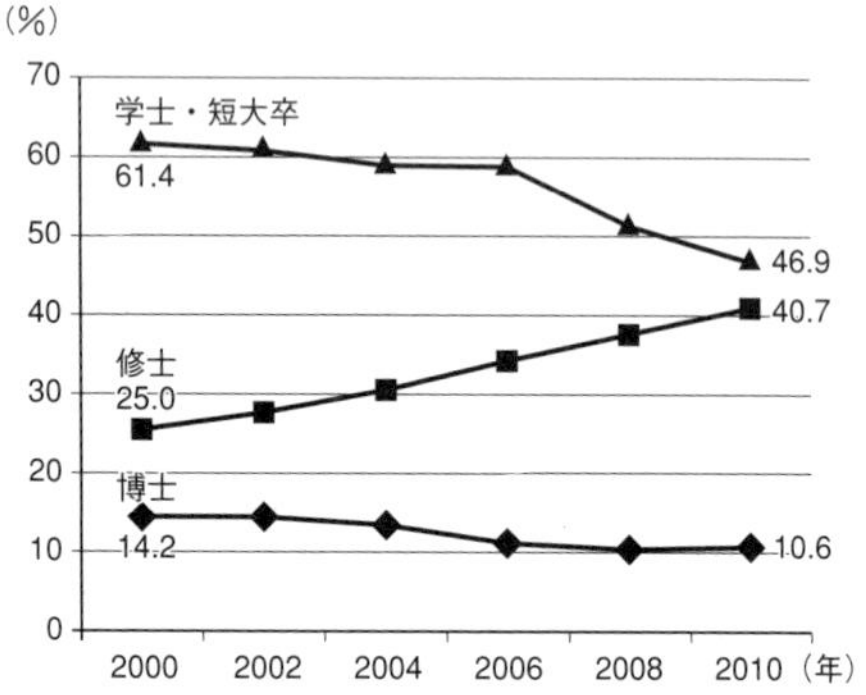

出典：図1と同じ。

ば、ベトナムの大学教員は生活のために恒常的にアルバイトを必要としており、本務校の職務に長時間専念できないという構造的な問題を抱えているといえる。

もちろん、政府も手をこまねいているわけではない。大学・短大の学生数が急増するに伴い、教員数を増員し、たびたび給与の引き上げも行ってきた。しかしながら、国際水準からみて、大学教員の質は十分とはいえない。図2では大学教員がもっている学位を時系列に示した。ここからは、かつての大学・短大教員は学士が中心だったが、今日では修士レベル以上の教員が半数に達することがみてとれる。その一方で、博士号をもつ大学教員の割合はむしろ微減傾向にある。このことは高等教育の規模拡大に大学教員の水準が十分に追いついていないことを示している。内訳をみると、今なお短大教員の六三・二パーセント、大学教員の四〇・二パーセントは学士・短大卒にとどまっている。

二〇〇五年に全面改正されたベトナム教育法では、各大学は認証評価を受けることが義務づけられ、学生の学習成果を明示する必要がある（同法第一七条）。各教員は教授法を磨くためのFD活動に参加しなければならない（同第七九条）。このことは大学側にとって大きな頭痛の種となっている。主要大学では、教育内容・方法を管理・改善を担当するための部署を設置している。こうした部署は日本の大学に設置されている大学教育関連センターによく似た機能をもっており、授業評価アンケートの実施・管理などを行っている。ただし、アンケート結果は担当教員や学科長にフィードバックされるのみで、受講生に公開されるケースはほとんどない。また、カリキュラム上は単位制に基づいて選択科目が設定されているが、選択に必要な情報は学生に必ずしも十分に与えられていない。シラバスが十分に整備されていないので、学生は上級生から前年度の内容を教えてもらいながら履修選択するしかない。まるで、少し前までのどこかの国の大学にそっくりではないか。

筆者は二〇〇七年と二〇〇八年に、ホーチミン市国家大学傘下の社会人文科学大学で教員・

大学院生向けに教授法ワークショップを実施したことがある。その際の参加者の事後アンケート結果ではあまりにも紋切り型の回答が多いことに驚いた。一方通行型の講義や暗記中心の学習方法を改善するのがベトナムの大学で難しい理由の一つは、そもそも大学教員自身がそのような方法で育てられてきたという慣性の強さにある。身近なところにロールモデルがないので、教員自身、どのようなシラバスがよいシラバスなのか見当がつかない。学習者中心の教授法とか、アクティブラーニングとかいわれても、具体的にイメージができないし、どこから手をつければよいのかわからないのである。また、教師と学生はそれぞれの立場をわきまえるべきであり、授業中に学生が不規則に発言することは秩序を乱す行為だという考え方も根強い。これは社会主義教育の影響だけでなく、千年にわたる儒教文化の影響も大きいだろう。

また、社会主義国独特の仕組みとして、ベトナムの大学は下部組織が上級組織の決定に服従するという「民主集中」制度をとっている。このため管理職に選ばれないかぎり、一般教員は大学の運営業務にはほとんど関与しないし、関与できない。学長人事は政府による任命であり、学部長人事は大学執行部による任命である。全学的な方針や政策は学内の共産党委員会および学長と副学長による執行部で決定され、各学部・学科に通達される。日常の大学運営にあたっては執行部直轄の事務局が強力な権限をもっている。各学部・学科の教学事項は学部長・学科長が決済し、執行部に報告する。意思決定機関としての学部教授会は存在しない。つまり、ベトナムの大学には垂直的な意思決定ラインしか存在せず、多くの日本の大学のような構成員自治の概念は存在しないのである。

また、これは政治体制よりも多分にインフラ不足に起因するのだが、教員の研究室も存在しない。各大学には学科ごとの部屋があって、ここが実質的な教員控室兼ミーティングルームとなっている。学科長は毎週月曜午前に行われる学科ミーティングを通して所属教員の顔ぶれを確認し、管理している。このシステムは意思決定や情報伝達には効率的だが、一般の教員は自分の授業を淡々とこなすだけで事足りるので、彼らは主体的に大学運営に参加する意識をもちにくい。教員集団のなかにも長幼の序が明確に存在するので、若手教員が先輩教員に反論するにはよほどの勇気が要るし、先輩教員の面子をつぶさないように細心の注意を払う必要がある。反対に、管理職はそうした若手教員の意向を柔軟に受け止めて、包容力のあるリーダーとして振る舞うことを期待される。権限があるからといって、頭ごなしに命令したり、いばるタイプの管理職は周りから敬遠されてしまう。ベトナム人の上下関係は、なかなか微妙なのである。

先進国の大学の特質は構成員による自由かつ批判的な議論を通して全学的なアカデミック・コミュニティを醸成する点にあるが、上記の原理上の違いから、ベトナムの大学を同列に論じてもあまり意味がない。

緊密化する日越の大学間交流

さて、現在の日越関係に目を向けると、外交、経済、文化交流など様々な面において蜜月関係にあるといえるだろう。日越関係には七〇年前に旧日本軍による仏印進駐が行われ、四〇年前のベトナム戦争時に日本は米軍の補給基地を担ったという負の歴史がある。それにもかかわらず、今日のベトナム国民の親日感情は概して良好であり、日本に対する関心は高い。日本の政府開発援助（ODA）においても、ベトナムは重点対象国の一つである。最近数年間の日越大学交流について、特筆すべき動向を三点ほど指摘しておきたい。

第一は、両国政府の肝いりで「日越学長会議」が設立されたことである。第一回会議は二〇〇九年九月にハノイ市内で開催された。日本からは四五大学、文部科学省、駐ベトナム日本大使が参加し、ベトナムからは四九の大学が参加し、グエン・ティン・ニャン副首相（当時は教育訓練大臣を兼任）が基調講演を行った。会議の最後に、今回のホスト役を務めたハノイ工科大学を中心として九組の全学交流協定の覚書調印が行われた。さらに、二〇一二年三月には京都大学がホスト役となって第二回会議が京都で開催された。二〇一五年九月には、ベトナムのダナン市で第三回会議が開催された。二〇一七年には、日本で第四回会議が予定されている。

このことは、これまで個別大学によってアドホックに行われてきた日越の学術交流が、国策として強力に推進されるようになったことを意味する。筆者も第一回会議に参加したが、日越の有力大学のトップが一堂に会する様子は壮観であり、誤解を恐れずにいえば、さながら政府立ち会いによる「集団お見合い」のような様相を呈した。この会議が実現したのは、国際競争力の強化を図りたいベトナムの大学と、ベトナムからの留学生受け入れ拡大を図りたい日本の大学の利害が合致したからであろう。こうした両国の努力が実り、二〇一六年九月にはハノイ国家大学の傘下大学として日越大学が発足した。同大学では大学院修士課程として、公共政策、経営管理、環境技術などのコースを開講している。

第二は、いわゆる「グローバル３０」事業の一環として、「京都大学―ベトナム国家大学ハノイ共同事務所」（略称ＶＫＣＯ）が二〇一〇年九月に開設されたことである。同事務所は京都大学だけが占有するものではなく、いわば国策として日本留学全般に関する情報発信の常設拠点を設置したものである。これまでにも、いくつかの日本の大学（東京大学、筑波大学、名古屋大学、立命館大学、大阪大学、広島大学、九州大学など）はベトナムに個別に事務所を置いて留学情報の発信やベトナム人留学生受け入れノウハウの蓄積を行ってきた。なお、ＶＫＣＯは当初の目的を十分に果たしたものとして、二〇一五年十二月末をもって閉室された。

第三は、ベトナム人留学生を日本に受け入れる際の成績認証システムが整備されつつあることである。これまでベトナム人が日本国内の日本語学校に留学する場合、高等学校の卒業証書を日本の入管に提出することが在留資格を得る上で必要であった。しかし他の発展途上国と同様に、この方式ではこれまで偽造が絶えなかった。そこで財団法人日本語教育振興協会がベトナム教育訓練省と協議し、大学入試統一試験の成績もしくは高校卒業試験の成績を同省の国際教育開発局が認証する仕組みが整備された。二〇一一年八月から志願者はインターネット上でこの認証システムに申請することができるようになった。

このシステムが整備されたことにより、ベトナム人私費留学生への在留資格認定と入国査証発行がよりスムーズになることが期待される。近い将来には、大学の成績表や卒業証書、あるいは学位の認証システムも実現する可能性がある。そうすれば日本語学校に限らず、日本の大学や大学院への留学も促進されることになるだろう。

このように、ベトナムの大学には、儒教文化の伝統、社会主義独特の仕組み、市場経済化の影響などが渾然一体となっている。喫緊の課題は、こうしたカオス状態のなかで膨張しつつある高等教育全体の質をどうやって保証し、高めるかということに尽きる。政府のスローガンと現場の実態が乖離している点を数え上げればきりがない。近年急速に活発化している日越の大学間交流が、両国の大学の構造改革を促し、その体質改善にメスを入れることにつながることを期待したい。なぜなら、日本の大学教育改革の「草の根の現場」にいる筆者にとって、ベトナムの大学でおきていることは対岸の火事とは思えないからである。

【参考文献】

近田政博訳『ベトナム二〇〇五年教育法』ダイテック（オンデマンド印刷）、二〇〇九年、九四頁。
http://www.cshe.nagoya-u.ac.jp/staff/chikada/Vietnam_Education_2005.pdf（二〇一二年三月

二十三日検索)
近田政博『近代ベトナム高等教育の政策史』多賀出版、二〇〇五年、四一八頁。
近田政博訳「翻訳　ベトナム高等教育法」名古屋大学高等教育研究センター編『名古屋高等教育研究』第十四号、二〇一四年、二九九~三三七頁。

第九章　カンボジア

――高等教育の質向上と私立大学の役割――

東京大学大学院教育学研究科准教授
北《きた》村《むら》友《ゆう》人《と》

王立プノンペン大学

二〇一五年に東南アジア諸国連合（ＡＳＥＡＮ）共同体の立ち上げを目指している東南アジア諸国は、二〇〇八年の世界的な金融危機（いわゆるリーマン・ショック）の影響を受けながらも、それを引きずることなく順調な経済成長を続けている。ＡＳＥＡＮのなかでは後発組となるカンボジアも、いまだ周辺諸国と較べて経済的には厳しい状況にあるが、着実に海外投資を呼び込むなど、経済発展の軌道に乗っている。そうしたカンボジアの今後の成長を支えていくうえで、高度専門職業人を育成する高等教育は重要な役割を担っている。

高等教育システムの歴史的展開

カンボジアにおける近代的な高等教育システムの起源は、百年近く続いたフランスによる植民地支配が終了する数年前の一九四七年に設立された国立法科大学、国立政治大学、国立経済大学の設立にみることができる。これらの大学は、宗主国であるフランスの高等教育の影響を強く受けていた。その後、クメール王立大学（現・王立プノンペン大学）が一九六〇年に設立されたのを皮切りに、一九六〇年代には七つの王立大学が設立され、急速な量的拡大を遂げた。しかし、一九七五年から七九年にかけてカンボジアを支配した民主カンプチア（ポル・ポト）政権は、すべての教育システムを廃止するとともに、多くの教育施設を破壊した。そして、四分の三以上の大学教員と、実に九六パーセントの大学生たちが、クメール・ルージュによって虐殺されたといわれている。このときに一度、カンボジアの高等教育システムは完全に崩壊してしまった。

その後、一九七九年にソ連の支援を受けて親ベトナムのカンプチア人民共和国が樹立されると、多くのロシア人ならびにベトナム人の専門家がカンボジアに滞在し、各省庁が関連大学を個別に管理するソヴィエト・モデルの高等教育システムの整備を進めた。この時期に、王立プノンペン大学をはじめとするクメール・ルージュ以前に設立された諸大学が再開された。ちなみに、一九八〇年代末から一九九〇年代初頭にかけて王立プノンペン大学のなかで有力者たちの権力争いなどが起こり、最終的に経済学部、法学部、教育学部が独立し、それぞれの学部を母体として現在の国立経営大学、王立法経大学、国立教育大学が設立された。

一九九一年にパリ和平協定が締結され、一九九三年には国連カンボジア暫定統治機構（UNTAC）による監視のもとで総選挙が行われるなど、カンボジアにようやく平和が戻ってくるにしたがい、高等教育システムも再び拡大の方向へと向かい出した。そのなかでカンボジアの高等教育システムは、一九八〇年代に広まったロシアや東欧諸国、ベトナムなどの社会主義諸国の影響が徐々に薄れ、アメリカやオーストラリア、西欧諸国の影響を色濃く受けるようになってきた。また、市場経済が導入されるようになると、大学も商業的な利益を生み出す可能性を有するという考え方が広まり、国立大学は正式に「公立運営教育機関（public administrative institution）」と呼ばれるようになり、「半自治教育機関（semiautonomous institution）」に生まれ変わった。さらに、一九九七年に大学経営への民間資本の導入が認められるようになると、多くの大学が設立されるようになり、高等教育機関の数が急速に増えた。ちなみに、カンボジアにおける最初の私立大学は、この政策転換を受けて一九九七年に設立されたノートン大学である。

今日のカンボジアの高等教育機関は、基本的に王立アカデミー、大学、そして専門分野に特化した単科大学に分類することができる。なかでも、王立アカデミーには諸機関の分類の垣根を越えて、シンクタンクとしての役割を果たすことが期待されている。しかしながら、実際には人的資源が不足しており、他の高等教育機関と同様に教育訓練プログラムを提供しているだけであり、研究活動を行ったり、専門的な助言を提供したりといったコンサルティング活動を

図表1　カンボジアにおける4年制高等教育機関数の変遷
（1979―2010年）

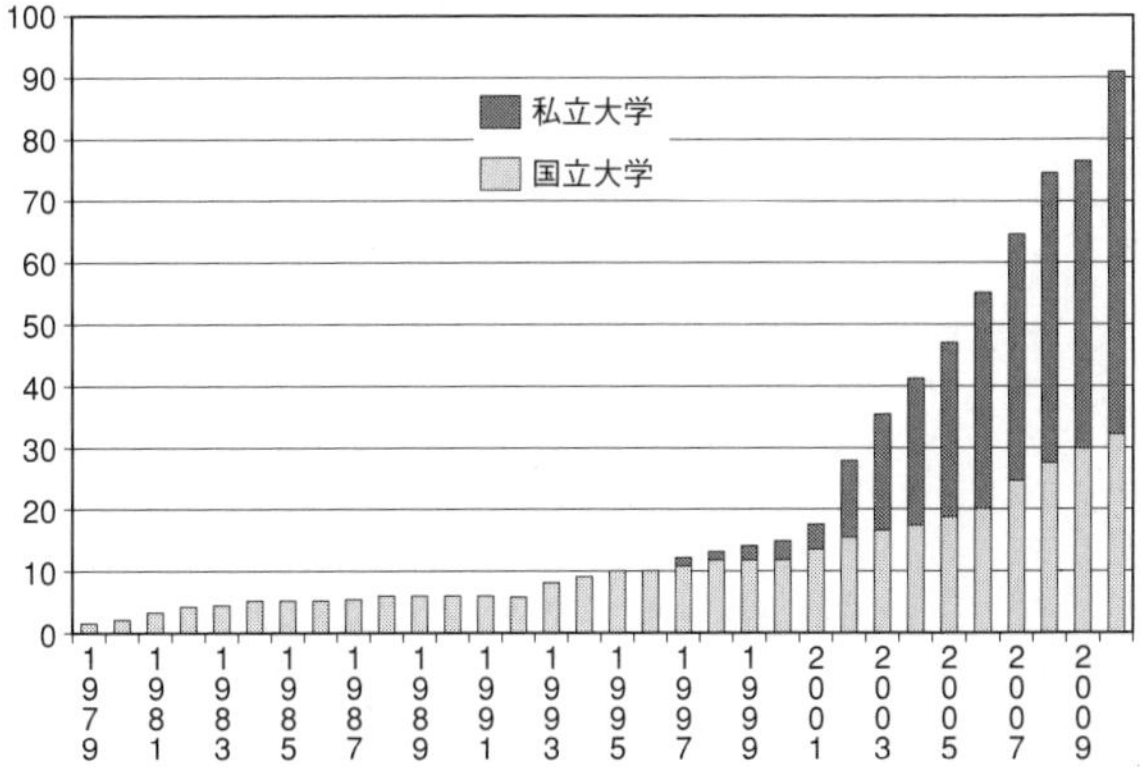

出典：Ministry of Education, Youth and Sport (MoEYS). (various years). *Statistics of higher education institutions*. Phnom Penh : MoEYS.

実施する余裕はほとんどないのが現状である。

カンボジアの高等教育機関には、特定の専門分野に関してのみプログラムを開講しているものが多く、幅広い分野をカバーする総合大学の数は必ずしも多くはない。二〇一一年三月現在、カンボジアの高等教育機関のうち四年制の教育プログラムを提供している機関の数は九一校であり、そのうち国立大学は三四校、私立大学は五七校である。これらの機関に在籍する学部生の数（国立大学と私立大学の合計）をみると、二〇〇〇年の時点では二万二一〇八人が、二〇一一年には一七万三二六四人と、大幅に増加している。

特に近年、高等教育に対する需要が非常に高まっていることを反映して、多くの私立高等教育機関が新設されている。先述のノートン大学に続き、一九九八年に経営科学大学と技術経営大学、一九九九年にはカンボジア国際大学が創設され、その後も次々と私立大学が設立されている。ただし、これらの私立高等教育機関が設立される前から、原則として授業料が無料であった国立大学においても有料プログラムが提供されてきた。こうしたプログラムは、高等教育機関が追加的な資金源を確保し、特に教員のためのインセンティブを獲得するうえで必要な手段であると考えられている。

また、現在、四年制の教育プログラムを提供する高等教育機関のなかで私立大学が占める割合は非常に大きく、重要な役割を果たしていることは明らかだが、同時に、教育内容の質や提供されるプログラムの多様性などの面で、様々な課題を抱えていることも事実である。多くの私立大学では経営管理、情報通信（IT）、英語といった実践的な分野に偏った教育プログラムを提供しており、公共性の高い高等教育機関の役割を十分に果たしているとは言い難い。また、展開されている教育プログラムの質が大学の講義としての水準を満たしていないケースが多いという批判も根強い。ただし、こうした教育の質に関する問題は、私立大学のみにみられるものではなく、国立大学においても多くの課題が山積している。そこで、次にカンボジアの大学の質を向上させるために、どのような取り組みが行われているのかについてみていきたい。

高等教育の質向上への試み

一九九〇年代後半からカンボジアの高等教育が急速に拡大し、大学をはじめとする高等教育機関が多くの学生たちを受け入れるようになってきたなかで、教育の質の低さが課題として広く認識されるようになった。そのため、カンボジア政府としても、「新教育法」、「高等教育の認定に関する勅令（Royal Decree）」、「大学設立に関する政令（Sub-decree）」などの法令・政令を定めることで、高等教育の質を向上させようと試みてきた。さらに、「すべての学位授与高等教育機関における必修の基礎科目プログラムに関する決定」や「単位認定ならびに単位互換制度の導入」などを政策的に導入することで、制度整備も積極的に進めてきた。

こうした一連の試みは、カンボジアの新しい労働市場が必要とする質の高い学生たちを輩出するために必要な取り組みである。また、周辺国の高等教育市場に自国の学生たちが奪われないよう、カンボジアの高等教育機関の質を高めることの必要性が広く認識されてきたことや、首都プノンペンだけでなく地方の主要都市に新しい大学が次々と設立されるようになり、教育機会が大幅に拡大し大衆化したことなどが、こうした改革が積極的に進められるようになった背景にはある。

現在のカンボジアの高等教育行政に影響を与えた中心的な政策が「二〇〇六年―二〇一〇年教育戦略計画（Education Strategic Plan）」であった。同計画では、高等教育のみならずすべての教育段階において「教育機関レベルとシステムレベルの両方における質の保証と改善を実現する」ことと、「教育機関のマネジメントと開発を強化する」ことが、優先課題としてあげられた。また、急速に拡大する高等教育に対するニーズに対応するために、教育・青年・スポーツ省内で管理組織としての役割を果たしていた高等教育局を、監視、分析、政策策定における専門的サービスの提供を担う組織へと変化させる戦略が、同計画のなかで示された。この計画では、高等教育局の主要な役割として、（一）高等教育部門のための政策ならびに戦略の策定、（二）高等教育機関の運営に対する許認可、（三）高等教育機関が認定基準を満たすための一助として必要な学科プログラムならびにマネジメントツールの開発に対する支援、(四)全国の高等教育の質と効率性の向上、があげられた。こうした役割と機能を果たすうえで高等教育局は、教育・青年・スポーツ省内でのルーティンといえる業務をこなす立場から、カンボジアの高等教育全体の方向性を示すための企画・立案を担う立場へと変化することが必要であり、そのためには職員の専門的な能力の向上が不可欠である。

また、高等教育の質向上に関する重要な改革として「教養課程(Foundation Year Study)」が導入され、二〇〇五年度からすべての学部生に対して教養課程プログラムの履修が義務化された。このプログラムは、四つの主要学習分野(人文科学、数学・自然科学、社会科学、外国語)から構成されており、それらの分野における幅広い知識を学生たちに習得させることを目指している。

このように、カンボジアの高等教育の質を改善するための様々な試みが行われている。特に近年の高等教育改革において非常に重要な役割を担っているのが、二〇〇三年に設立された「カンボジア認証評価委員会(Accreditation Committee of Cambodia：ACC)」である。同年三月に勅令(No. NS/RKT 03/03/129)に基づきACCが設立され、政府としても高等教育の質向上を図るために本格的な取り組みを進めるという姿勢が明確に示された。この勅令によって、カンボジアにおけるすべての高等教育機関は、国内組織による運営であるか外国組織による運営であるかを問わず、学位を授与するためにはカンボジア認証評価委員会から認定資格を取得することが義務づけられた。そのため、認定資格の取得へ向けて多くの高等教育機関が教育内容の見直しを行い、例えば先述の「教養課程」を整備し、教育の質的向上への取り組みをアピールするようになった。さらにＡＣＣによる基準書の発行に伴い、多くの高等教育機関が自己評価に取り組み出している。

カンボジアにおける高等教育機関の認証評価では、以下の九つの領域において質に関わる基準を設定している。すなわち、（一）使命、（二）管理・運営・計画、（三）学科プログラム、（四）教授陣、（五）学生および学生へのサービス、（六）学習資源、（七）施設・設備、（八）財務管理と財務計画、（九）情報の普及、の九領域である。しかしながら、これらの領域において質に関する基準を設定するうえで、カンボジア認証評価委員会には十分な専門性を有するスタッフが少ないことが問題となっている。

こうしたカンボジアの高等教育における認証評価の現状に対して、多くの外国機関・組織が支援を行っている。それらの機関・組織には、日本の国際協力機構（ＪＩＣＡ）をはじめとして、世界銀行、タイの高等教育委員会および国家教育標準・質保証局、マレーシアの高等教育省国家認定委員会、インドの国家評価認定審議会、在カンボジア米国大使館ならびにフルブライト上級研究員プログラム、アジア太平洋質保証ネットワーク（ＡＰＱＮ）などが含まれる。

また、このような認証評価制度の整備と並んで、カンボジアの高等教育の質を向上させるうえで重要な取り組みが、単位認定ならびに単位互換制度の導入である。それまでの学年度ごとに成績の認定を行っていたシステムに替えて、新たに単位制度を導入することで柔軟な履修が可能になるとともに、他大学の科目履修によって得た単位も認定されるようになった。これは、例えばパートタイムの学生が履修計画を立てるうえでも、柔軟な計画を立てることを可能にしている。しかしながら、この単位制度はいまだに完全に実施されるには至っていない。その原因としては、各大学のシステムがいまだに整備されていないことや、こうした制度に対する理解が教職員や学生たちに十分に広まっていないことなどをあげることができる。したがって、この制度を支えるためのガイドラインを策定し、大学側の管理運営能力を強化することが早急に求められている。

いまだに残る多くの課題

カンボジアの高等教育は、アクセス、公平性、質、適切性、資金調達、管理運営などの面において、いまだに大きな課題を抱えている。カンボジアの高等教育への就学率は、国際的な標準からみるといまだに低いと言わざるを得ない（入手可能な最新のデータである二〇〇八年で総就学率が八パーセント）。また、高等教育機関によって提供される学問分野も、経営学などを中心に限られた分野に対してのみ、入学者が集中してしまっている。さらに、公平性に関して、高等教育機関の在籍者の属性をみてみると、都市部と地方の間や男女間に相当な格差が存在している。

また、カンボジアの大学が直面している様々な課題のなかでも、本章でみたように特に教育の質に関する問題は、深刻な状況にある。教育の質を保証するためのシステムの整備が十分に進んでおらず、認証評価もまだ緒についたばかりである。また、単位制度についても、制度が導入されても、大学側の管理運営能力の限界などにより、学生たちのニーズに沿って十分に活用されているとは言い難い状況にある。

さらに、現在の高等教育機関の卒業生たちは、必ずしも労働市場が求める知識やスキルを身

図表2　専攻分野別の就学者数

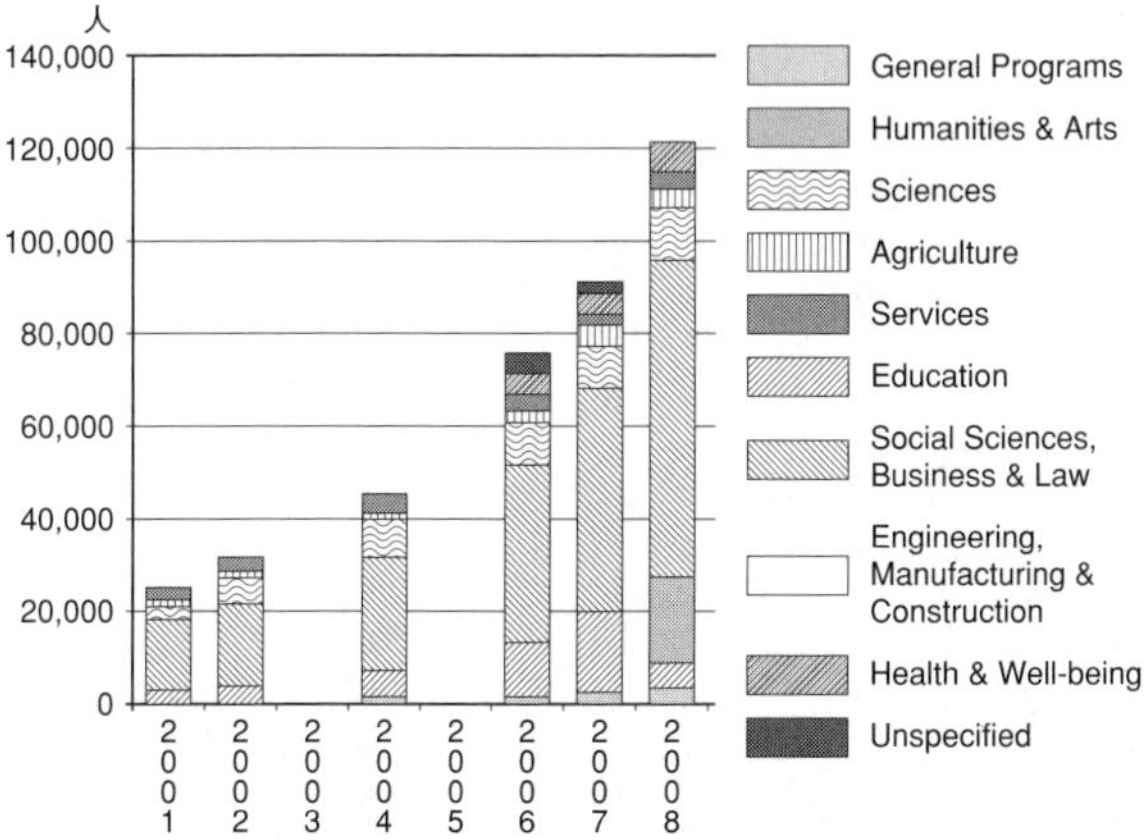

出典：Ministry of Education, Youth and Sport (MoEYS). (various years). *Statistics of higher education institutions.* Phnom Penh : MoEYS.

に付けることなく、高等教育を修了してしまっていることも大きな問題となっている（「適切性」の問題）。例えば図表2が示すように、高等教育就学者の半数以上は人文学あるいは社会科学、経営学、法学を専攻している。もとより、こうした分野の重要性を否定するものではなく、ほとんどの国の大学でこれらの分野に最も多くの学生たちが所属していることも事実である。しかし、カンボジアをはじめとする多くの後発途上国では、こうした分野を修了した卒業生たちの主たる受け皿となる第三次産業がいまだ十分に発達していない。そのため、大学での専攻分野と職業機会との間にミスマッチを起こしており、それが大学卒業者の高い失業率（一説には五〇パーセント近く）の一因となっている。

このような状況のなか、多くの学生たちが複数の学位プログラムに在籍し、少しでも就職に有利な条件を整えようと苦心している。その際、同じ大学のなかで二つの専攻に所属するというケースもあるが、多くの学生が異なる大学の学位プログラムに在籍（＝二重学籍）をしているようである。

例えば、一般的に大学としての社会的評価は国立大学の方が高いが、それらの国立大学の教育プログラムは伝統的な学問領域を主にカバーしており、職業に直結すると考えられる実践的な領域（経営管理やＩＴなど）の教育にはそれほど力を入れていない。そのため、国立大学の学生たちが、私立大学でこれらの分野の学位を取得することによって、国立大学卒業という社会的評価と私立大学の実践的学位を同時に得ようとするケースもしばしばみられる。このような状況が、私立大学の隆盛の大きな要因となっていることは見逃せない。ちなみに、このような複数の学位プログラムに在籍する学生数の実態は、データの入手が極めて困難であるために不明である。筆者が二〇一〇年に大学関係者や学生たちに対して行った聞き取り調査の結果では、少なく見積もっても四分の一程度、場合によっては半数近くの学生たちが、複数の学位プログラムに在籍しているようである。

その一方、これから産業を発展させ、社会開発を進めていきたいカンボジアにとっては、工学、医学、農学などを専攻する学生の数を増やすことが非常に重要である。しかしながら、これらの分野の教育プログラムを拡充するうえで不可欠な実験設備などへの投資を十分に行うことができないといった財政的な理由が大きく、こうした分野を専攻する学生たちの数を増やすことが難しい状況にある。これは、大学の公共性という観点からも、社会のニーズに適応した人材の育成をどのように考えていくのかという課題を突き付けている。

本章では、今日のカンボジアの高等教育が直面している課題について、質の問題を中心として公平性や適切性にも言及しながら概観した。特に、高等教育の質を向上させるためには、質保証の制度設計をさらに進めていくことが不可欠である。また、大学ならびに高等教育行政機関の管理運営能力を強化していくとともに、人材の能力開発にも積極的に取り組んでいくことが大切である。これらの取り組みを進めるにあたり、認証評価のシステムと単位制度の整備は、取り組みの成果を具体的な形で確認していくことが十分可能な分野であると考えられる。そのため、カンボジアの政府ならびに大学が、これらの取り組みに対して一層の努力を積み重ねていくことを期待したい。

【参考文献】

ピット・チャンナム、デイヴィッド・フォード「カンボジアの高等教育—交錯する展望」フィリップ・G・アルトバック、馬越徹編（北村友人監訳）『アジアの高等教育改革』玉川大学出版部、二〇〇六年。

Chealy, C., “Cambodia”, in UNESCO (2006). *Higher Education in South East Asia*. Bangkok：UNESCO Asia and Pacific Regional Bureau for Education, 2005.

Chealy, C., “Higher Education in Cambodia”, in Hirosato, Y. & Kitamura, Y. (eds.), *The Political Economy of Educational Reforms and Capacity Development in Southeast Asia：Cases of Cambodia, Laos and Vietnam*. London：Springer, 2009.

Ministry of Education, Youth and Sport (MoEYS), *Summary Report on the Education, Youth and Sport Performance in the Academic Year 2009–2010 and the Academic Year 2010–2011 Goals*. Phnom Penh：MoEYS, 2011.

第十章　ラオス

―大学入学制度改革と効率性・公平性の問題―

上智大学総合グローバル学部教授／グローバル教育センター長

廣《ひろ》里《さと》恭《やす》史《し》

ラオス国立大学

本章は、途上国の教育開発における効率と公平性の問題について政治経済学的アプローチによって若干の考察を試みるものである。以下ではまず政治経済学的アプローチの輪郭および効率と公正概念に触れる。次に途上国でもインドシナ地域の最貧国であるラオスの高等教育における大学入学制度改革を通して、効率性と公平性の問題に考察を加える。(1)

政治経済学的アプローチにおける効率と公平概念

途上国の教育開発・改革過程を分析する手法として、政治経済学的アプローチが先駆的に試みられてきた。そういった政治経済学的アプローチに共通する特徴は、いわゆる「教育生産関数」に基づき、教育システムの効率性のみを追求する狭義の教育経済論や教育・労働市場における需要と供給メカニズムの解明に限定されないこと。そして教育開発・改革プロセスに関わる諸課題を、歴史的文脈を踏まえつつ政治的、経済的、制度的、社会的、教育的な視点から分析することで、教育開発・改革プロセスを包括的かつ動態的に捉える点にある（Riddell 1999）。

本章が事例として取り上げるインドシナ地域の最貧国ラオスは、援助機関を含む国内外の様々な利害関係者（ステークホルダー）が複雑に交錯する移行経済国であり、政治経済学的な視点による分析が有効であろう（Hirosato and Kitamura 2009）。教育開発・改革の政治経済学は、中央や地方政府から学校・教室レベルにいたるまでの教育セクター全体を包摂するものである。加えて、新自由主義の影響を受けた教育行政・部門運営の地方分権化という流れのなかで、教育活動への関与が中央政府や地方政府にとどまらず、非政府組織（ＮＧＯｓ）、民間企業、コミュニティ組織、学校運営委員会、教員組織、親といった、広義の民間セクターを構成する利害関係者を含むようになっている。

廣里（二〇〇八年）は、途上国の教育開発に関して、Ｊ・スティグリッツ（二〇〇四年）が提示した公共政策モデルを踏まえ、効率性と公平性のトレードオフ関係の再検討を行った。スティグリッツが説くようにこの二つの概念軸の間に政策選択の可能性が存在するが、政治経済学的アプローチでは、むしろどの利害関係者にとっての効率性あるいは公平性なのかが、主要な問題関心となる。以下、途上国の教育開発・改革過程における効率性と公平性の概念を検討するに際し、ラオスの高等教育改革の動向と、その高等教育改革の重要な試金石となっている大学入学制度改革の問題を取り上げたい。

ラオスの高等教育改革：国際水準へ向けた取り組み

ラオスの政治体制は、一九七五年の社会主義革命以来、ラオス人民革命党による一党支配体制が続いている。ラオスは、一九八六年から、ラオス版の「チンタナカーン・マイ」（新思考）を導入した。特に経済分野においては「新経済メカニズム」（New Economic Mechanism：NEM）が実施され、計画経済から市場経済化への転換という改革路線を歩むこととなった。

ラオスは近年一定の経済成長を成し遂げ二〇二〇年までに最貧国からの脱却を目標とするなかで、より高度なスキル・知識を伴った人的資源開発を重視し、一九九五年以降の高等教育開発を推進してきた。現在ラオスには三つの主要な国立・公立の総合大学が存在する。一九九五年から一九九八年にかけて所管の異なる一〇の高等教育機関が統合されたラオス国立大学（National University of Laos）、二〇〇二年に南部のチャンパサック県のパクセに設立されたチャンパサック大学（Champasak University）、二〇〇三年に北部のルアンプラバン県のルアンプラバンに設立されたソパノボン大学（Souphanovong University）である。学生総数はこれら三大学の総数で約四万六四〇〇人（二〇一一年）に達している。内訳としては、ラオス国立大学のみで約三万九〇〇〇人の学生を抱えており、チャンパサック大学とソパノボン大学の学生数は

それぞれ約三五〇〇人と約三九〇〇人である。(2)

そこで教育スポーツ省は、二〇一一年から二〇二〇年の「高等教育マスター計画」を策定し、一〇年間の高等教育開発ビジョンと政策・戦略を打ち出した（MOES 2010）。このマスター計画では、二〇二〇年までの最貧国からの脱却を目指した工業化と近代化に取り組むなかで、高等教育の諸改革が国の経済社会発展と人的資源開発に欠かせない要件となっている。また高等教育の水準もインドシナの地域協力プログラムやアセアン統合プロセスにおいて地域・国際水準に近づける努力を継続することが謳われている。このマスター計画の前半期間を支援する目的で、アジア開発銀行とラオス教育スポーツ省は、合計二四・四〇〇万米ドルの「高等教育強化プロジェクト（贈与）」に合意し、二〇一〇年から二〇一五年まで実施されることとなった（ADB 2009）。本プロジェクトの主要目的は、ラオスの三つの国立・公立大学を整備し、公正を伴ったアクセス拡大と質改善を行うことである。具体的には、大学運営、財政基盤とガバナンスの強化、レレバンスの向上と質改善のための能力開発、公正を伴ったアクセス拡大（チャンパサック大学）を目指している。(3) なかでも、大学入学制度の改革は、本プロジェクトが支援する高等教育制度改革の中心課題の一つとなっている。

ラオスの大学入学制度の特徴：効率性と公平性の矛盾

ラオスの大学入学制度の特徴は、入学試験が免除されかつ就学支給が得られる割り当て枠制（Quota System）と入学試験と登録料が課される非割り当て枠制（Non-Quota System）、入学試験は免除されるが授業料と登録料が課せられる特別夜間コース（Special Evening Course）といった三つの窓口に分かれていることである。割り当て枠制による学生数は全学生数の約五〇パーセントを占めており、非割り当て枠制による学生は約二〇パーセント、そして特別夜間コースの学生は約三〇パーセントとなっている。この入学制度は学生とその家庭、および教員といった二つの利害関係者レベルで大きな問題と矛盾を孕んでいる。

まず学生とその家庭レベルにおいて、割り当て枠制による学生に対する過度の公平性への配慮によって極めて非効率かつ不公平な入学制度になってしまっている。本来、この割り当て枠制は、地方の各県より推薦を受けた貧困家庭や少数民族グループを含む学生の進学機会を担保すべき制度であった。しかし実際には地方政治家、行政官、その他の地方名士・富裕層の子弟、さらに地方に籍を置く都市部の中間層子弟が、この割り当て枠制を利用し、無試験かつ就学支給を得てこれら三大学に進学してきた。

次に教員レベルでの問題は、教員給与が極度に低いため、その給与水準を補償する手段として、授業料が課せられ副収入が得られる特別夜間コースにおける教育活動に重点を置いていることである。この傾向は、学生の需要が見込まれる教科（語学、コンピューター関係、経済・経営、法律、ホテル・観光、工学、など）においてより顕著である。その結果、大半の教員は特別夜間コースに労力を費やし、昼間に行われる割り当て枠制や非割り当て枠制の学生に対する教育活動や自身の研究活動がおろそかにならざるを得ない本末転倒の状況を生み出している（ADB 2000, 2009）。確かに、夜間特別コースでは学生による就学需要と教員側の給与事情（副収入インセンティブ）による教員供給がマッチし、その部分では効率的な互恵関係が成り立っているし、大学財政上の費用回収の観点からも望ましい。しかし、国際水準の高等教育システムを構築し、国際競争力のある人材育成を行うためには、貧困家庭や少数民族グループ出身の優秀な割り当て枠学生や入学試験に合格する学力をもつ非割り当て枠学生への教育サービスの向上がなされるべきであろう。

ラオスの大学入学制度改革：方向性と課題

そこで、ラオス教育スポーツ省はこれら三つの総合大学の自治化を促進しつつ、入学制度においても根本的な改革に着手することを表明した。すなわち、割り当て枠制による学生数を二〇一五年までに二〇一〇年時の約五〇パーセントから約二〇パーセントへ削減すること、そしてその過程で政治的配慮や人的コネクションによる恣意的な選抜による入学者を排除し、割り当て枠の対象学生として貧困家庭や少数民族グループ出身学生に絞っていくこと、すなわち本来の意味での公平性を高めていく方針を打ち出した。(4) その一方で、夜間特別コースを実体としても概念としても廃止し、段階的に、入学試験と授業料を課す非割り当て枠制を中心とした就学構造（割り当て枠学生が約二〇パーセント、および非割り当て枠学生が約八〇パーセント）からなる公平かつ効率的な高等教育システムを再構築することが政策目標となった。なお、興味深いことに、一九九五年以降、ラオス国立大学が設立された際に、政策として非割り当て枠学生への授業料が課せられることとなったが、実効性のある成果を得ることができなかった（ADB 2004）。図1は、二〇一一年、二〇一三年、そして二〇一五年において、現在の夜間特別コースの存在を前提としたシステムから、非割り当て枠によるシステムへの段階的な移行と、それぞ

図1　ラオスの大学入学制度改革と年間授業料の推移（2011年、2013年及び2015年）：非割り当て枠の増加と夜間特別コースの廃止（金額：キープ）

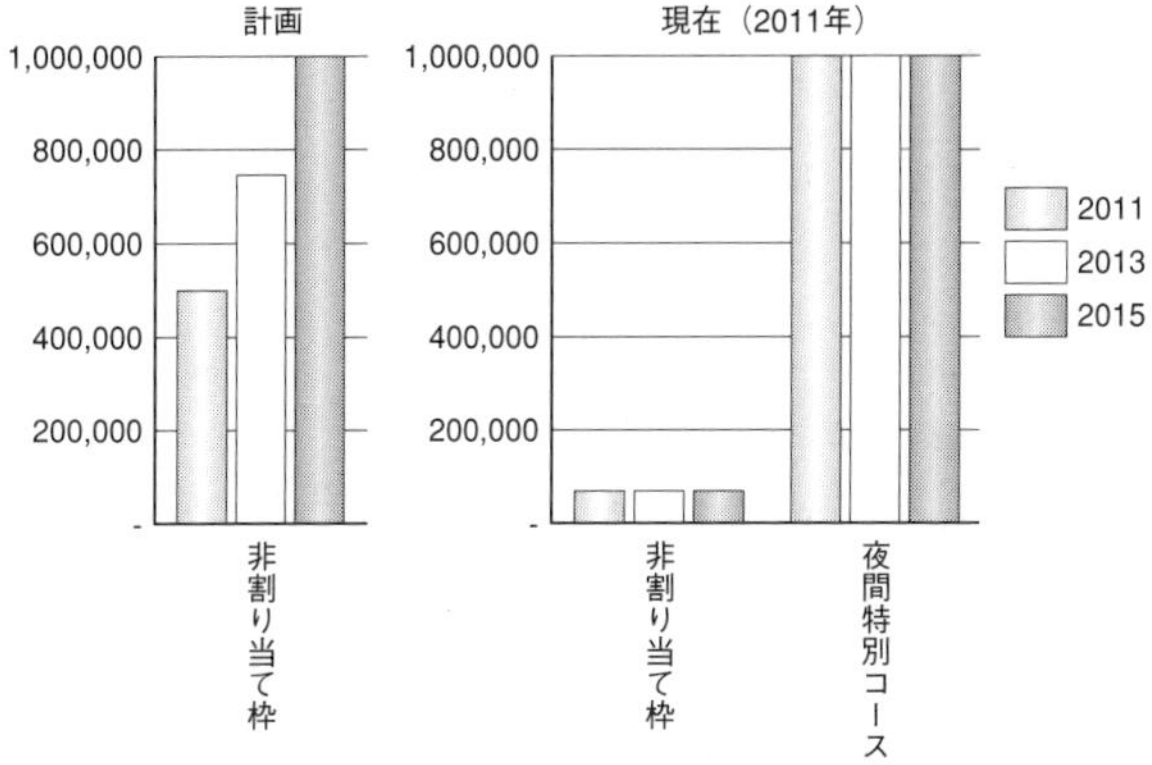

出典：Chanhming（2012）より。

れの年間授業料との関連を示したものである。

　この政策目標を実現するための第一歩として、二〇一一年十月から始まる新学年において大学一年次からの夜間特別コースを廃止し（したがって、四年後の二〇一五年には全廃予定）、非割り当て枠を拡大した入学試験を実施した。しかしこの入学制度変更によって二つの新たな問題が生じることになった。第一に、この変更が授業料を課しつつも、学生の希望を考慮せずに履修プログラムを決定するといった計画経済時代の形跡を残すものであった。その結果、ラオス国立大学に合格した相当数の学生（一六四〇名）が、授業料を支払う意思があったにもかかわらず、希望するプログラムを履修できないといった理由で、入学登録をしないといった事態を招くこととなった。(5) そのために、通常の非割り当て枠の学生を対象とした授業が実施できないケースが生じるといった、一九九五年以降に総合大学として設立されて以来の異常事態を招くこととなった。第二の問題は、教育スポーツ省による授業料の段階的増加計画（図1）にもかかわらず、夜間特別コース廃止に伴う授業料収入の減少を補うために、むしろ大学側の事情によって、二〇一一年度に二〇一五年度の授業料目標を前倒しで導入したことである。授業料は、学部プログラムの社会科学系が一単位で二万三〇〇〇キープ（約二米ドル九〇セント）、自然科学系が一単位で二万六〇〇〇キープ（約三米ドル二五セント）であり、学部プログラムの年間平均取得単位である四五単位を想定すれば、一年間の合計で、社会科学系と自然科学系の授業料負担はそれぞれ、一〇〇万三五〇〇キープ（約一二三〇米ドル）と一一七万キープ（約一四六米ドル）となる。(6) その結果、授業料を払えないという理由で、非割り当て枠による新規入学者数が三大学の平均で入学予定枠の半数に届かなかった。先の「高等教育強化プロジェクト」が実施した「ラオス高等教育機関の授業料調査」によると、この年間授業料の導入に対しては、半数以上の学生とその家庭（親）が不満を露にしており、仮に教育スポーツ省の提案に沿った段階的な授業料の導入が試みられるとしても、履修プログラム選択の制限が解消されない限り、毎年、相当数の未登録者が出ることは避けられない状況である。一方、ラオス国立大学およびソパノボン大学では約八割に及ぶ大学教員が給与の増加を要求しており、夜間特別コースが廃止され副収入が減少した影響が大きいことが推察される（Chahming 2012）。

ラオス政府は、「新思考」のもと、市場経済システムの導入を図ってきたが、旧社会主義計画経済の弊害やラオス人民改革党による一党支配体制による政治的圧力に委ねることなく、抜本的な大学入学制度改革が実効性を帯び一定の成果を伴うかどうかは予断を許さない。割り当て枠制の削減を望まないのは、実は、この制度によって恩恵を受けてきた富裕層であることも実効性のある大学入学制度改革が行われるかどうかを占う上で懸念される点である。彼らは、授業料や付随する教育費を家計が負担する能力が十分ありながら、授業料が課せられる通常の非割り当て枠入試を避けられる時点まで避けようとするだろう。また非割り当て枠制で、入学試験を受けて大学へ入学したとしても授業料支払いについては不満を表明し続けるやもしれない。また財政上の理由で大学教員給与の飛躍的な増加が見込まれない状況で、大学の授業料収入の増加が重要な意味をもっている。夜間特別コースの廃止による副収入減少の補填ができるかどうかも、着実な授業料収入の増加が前提となっている。したがって、非割り当て枠学生に対する適切な授業料の徴収は、ラオスの大学の自立的な財政基盤の確立と大学教員の確保といった死活問題に対して、緊急に解決の糸口が見い出されねばならない課題である。しかし、大学側の事情によって相当水準の授業料を課したことで非割り当て枠による大幅な入学者減少を招いてしまった。非割り当て枠学生の拡大という主旨からは政策目標の後退と言わざるを得ず、ラオスの大学入試制度改革自体がその方向性を見失うことになりかねない。

おわりに

ラオスが今後二〇二〇年までに最貧国から脱却し、インドシナ地域の経済統合、ひいてはアセアン共同体形成プロセスにおいて相当の地位を築いていけるかどうかは、このような前近代的な大学入学制度を改革することが前提条件である。入学試験の結果を重視しつつ、より優秀な学生を確保することによって、グローバルな水準に達する人材を高等教育システムが輩出していけるかどうかにかかっている。高等教育の質保証、単位互換制度や学位の相互認証などにおける調和化を目指すアセアン共同体にとっても、ラオスの高等教育システムが直面する入試制度改革の趨勢を注視していくことが、将来的にアセアン内の開発格差の是正に関わることを十分に認識する必要があろう。

そして、ラオスの大学入学制度改革を政治経済学的アプローチによって考察すれば、効率性と公平性の概念が現象として複雑に交錯していることがわかる。同じ高等教育システムにおいてすら、効率性を重視するあまり公平性が損なわれる場合（夜間特別コースの存在）、あるいは公正性を過度に配慮することで効率性が損なわれる場合（割り当て枠学生の実態と非割り当て学生の位置づけ）もある。その背景には、主な利害関係者である地方の政治家、行政官、地方の名士・富裕層、そして大学教員自身の事情が絡み合うといった、まさに政治経済学が描く構図がある。アジア開発銀行が支援するプロジェクト下における大学入学制度改革であるが、外部（国際援助機関）からの介入にはその効果や受容に関して自ずと限界がある。また教育スポーツ省による段階的な授業料増加計画に反して、大学側の事情を反映した早急な授業料増加が導入された結果、非割り当て枠による入学者数の減少を招いてしまった。大学入学制度改革の成否は実はラオスの経済社会発展が持続的に進捗することによって、所得が向上し、就学者の家庭が一定の授業料を負担し、大学教員には十分な給与が補償されることに尽きるというのが、政治経済学的アプローチによる考察の帰結である。その意味からも、一九九五年以降のラオス国立大学における非割り当て枠学生への授業料導入の試みに実効性が得られなかったことは、むしろ妥当であるといえよう。今後のラオスにおいて、効率性と公平性のトレードオフを解消することによってのみ、真の高等教育改革への道筋が開かれることは自明のことであり、利害関係者による一層の取り組みが期待される。

【注】

（1）本章は、筆者個人の見解であり、アジア開発銀行および加盟諸国による見解ではない。

（2）二〇一一年度の学生数はまだ公表されておらず、筆者が行ったこれら三大学の学長へのヒアリングにおいて確認された（二〇一二年四月）。これら三つの総合大学に加え、二〇〇九年十月に南部県のひとつであるサバナケット県にサバナケット大学が設立されている。単科大学や小規模の私立高等教育機関を含め一五四の高等教育機関が存在し、高等教育機関の在学生数は合計で約一〇万人となっている（二〇一一年）。近年のラオスにおける高等教育の動向と課題については、K. Ogawa（二〇〇九）を参照のこと。

（3）本プロジェクトの特徴として、ラオス大学教員と行政官の能力開発を支援するために、マッチング奨学金スキーム（プロジェクト資金と海外の大学との留学費用負担）が導入された。海外の大学院プログラムへラオスの三つの総合大学教員と教育スポーツ省の行政官を修士および博士学位取得の目的で派遣している。日本では上智大学、立命館アジア太平洋大学が協定を締結し、上智大学では二〇一二年四月学期からの受け入れが開始され、立命館アジア太平洋大学では二〇一三年四月からの受け入れが予定されている。また、二〇一二年度中に、フランス、韓国、マレーシア、タイ、ベトナムの大学が参加する予定である。

（4）D・W・チャプマン（二〇〇二）は、割り当て枠制度が本来目指すべき諸目標（機会均等や国民統合）を整理しつつ、所定の成果が必ずしも得られなかったことを指摘している。

（5）Vientiane Times, 二〇一一年十一月三十日付けの記事。

（6）年間の授業料は、国際的水準から見れば小額ではあろうが、一人あたり国民総所得が約七四〇米ドル（二〇一〇年）という水準を考慮すれば家計への負担が決して小額とは言い切れない。

【参考文献】

J・スティグリッツ『スティグリッツ―公共経済学［第2版］（上）』（藪下士郎訳）東洋経済新報社、二〇〇四年。

廣里恭史「発展途上国の教育セクター・プログラム支援を巡る政治経済学的接近―『自立発展的』教育開発モデル構築への展望」澤村信英編『教育開発国際協力研究の展望』明石書店、二〇〇八年、一八二～二〇一頁。

Asian Development Bank (ADB), *Lao People's Democratic Republic, Education Sector Development Plan Report*. Manila : 2000.

Asian Development Bank (ADB), *Project Completion Report on the Postsecondary Education Rationalization Project (Loan No. 1374–LAO [SF]) in the Lao People's Democratic Republic*. Manila : ADB, 2004.

Asian Development Bank (ADB), *Proposed Asia Development Fund Grant, Lao People's Democratic Republic : Strengthening Higher Education Project*. Manila : 2009.

Chanhming, Phosy, "Tuition Fee Survey at Higher Education Institutions in Lao PDR" A Study

Commissioned by the Strengthening Higher Education Project. Vientiane : Department of Higher Education, Ministry of Education and Sports, 2012.

Chapman, D. W., "When Goals Collide : Higher Education in Laos," in Chapman, D. W. and Austin, A. E. (eds.), *Higher Education in the Developing World*. Westport, Connecticut : Greenwood Publishers, 2002, pp. 93-105.

Hirosato, Y. and Y. Kitamura. (eds.), *Political Economy of Educational Reforms and Capacity Development in Southeast Asia : Cases of Cambodia, Laos, and Viet Nam*. Amsterdam : Springer, 2009.

Ministry of Education and Sports (MOES), *Higher Education Master Plan, 2011–2020*. Vientiane : MOES, 2010.

Ogawa. K., "Higher Education in Lao PDR," in Hirosato, Y. and Y. Kitamura. (eds.), *Political Economy of Educational Reforms and Capacity Development in Southeast Asia : Cases of Cambodia, Laos, and Viet Nam*. Amsterdam : Springer, 2009, pp. 283-301.

Riddell, A. R., "The need for multidisciplinary framework for analyzing educational reform in developing countries," *International Journal for Educational Development*. 19, 1999, pp. 207-217.

第十一章　ブータン

――「近代化」の波が押し寄せる「幸福の国」――

京都大学大学院教育学研究科准教授
南《なん》部《ぶ》広《ひろ》孝《たか》

シェルブツェ・カレッジ

歴史的展開

ブータンにおける近代教育は二十世紀初頭に始まった。初めての近代学校は一九一四年に設立されたウゲン・ドルジ学校であるとされる。しかしその後の歩みは遅々としており、一九六〇年の時点でも近代学校は全国で一一校しかなく、そこで四〇〇〇人ほどが学んでいるにすぎなかった。一九六一年に第一次五ヵ年計画が策定されてからは教育の整備に高い優先順位が与えられるようになり、特に一九九〇年代以降教育の普及が全体として大きく進んだ。他方で、ブータンでは伝統的な僧院教育がもう一つの教育体系を形成していることが大きな特徴である。それは長い間人びとに重要な教育機会を提供してきたし、現在でも維持されている。

近代的な高等教育（ブータンでは tertiary education の語を用いる）はこの国では一九六〇年代に導入され、一九七〇年代にかけていくつかのカレッジが設立、整備されてきた。そのなかで特筆すべきカレッジの一つは、シェルブツェ・カレッジ（Sherubtse College）である。「知の最高峰」を意味する語である「シェルブツェ」を冠するこのカレッジは、一九六八年に東ブータンのカンルンに設立されたパブリック・スクールを起源としている。一九七六年にはジュニア・カレッジに昇格し、一九八三年にはインドのデリー大学と提携して学位コースを擁するカレッジとなった。そして一九八六年に初めての学位授与式が挙行され、人文、理学、商学の三つのコースあわせて三〇人の男子学生に学位が授与された。

もう一つの特徴的なカレッジとして言語文化学院（Institute of Language and Culture Studies）がある。これはもともと後期中等教育段階の機関として一九六一年に国の西部、首都ティンプーからほど近いシムトカに設立され、一九九七年に高等教育機関に昇格して現在の名称となった。この機関はブータンの文化や伝統、国語であるゾンカを保護、普及させることを目的としており、ゾンカや歴史の他、仏教に関わる科目（歌謡と音楽、建築、織布・デザイン、占星学、仮面舞踏、礼法など）が教えられている。そのため、世俗の教員だけでなく、僧侶も教育に携わっている。なおこの言語文化学院は、二〇一一年に国の中部にあるトンサへ移転している。

この時期には、これ以外にも教員養成機関や工学、医学系の機関が設立され、現在のブータン高等教育の中核となる部分が形成された。

ブータン王立大学の創設

国立大学の設立は早くも第四次五ヵ年計画（一九八一―八六年）の頃までには構想されてい

た。一九九九年に公表された政府文書『ブータン二〇二〇』では、国のニーズと近隣諸国の人びとのニーズを満たし、ブータンを国際的な知の世界と結びつけ、「センター・オブ・エクセレンス」を作り出す国立大学（National University）を創設するように始動することが示された。そして、二〇〇七年までにそれを実現することが目標とされるとともに、それを通じて二〇二〇年までに世界規模の知のネットワークの一部を形成することが目指された。

こうした流れのなかで二〇〇三年、国王の勅許状に基づきブータン王立大学（Royal University of Bhutan）が創設された。その目的は、国の人材ニーズを満たす適切さと質を伴った高等教育プログラムを開発して提供すること、国際的文脈における知の創造に貢献し、関連する知のブータンへの導入を促進するために研究を進めることとされている。

ブータン王立大学は既存のカレッジを傘下に収める形で創設された。このとき大学を構成したカレッジは全国に分布しており（表1）、それぞれが提供する専門分野で学位コース（修士、学士）や非学位コース（ディプロマ、後期中等教育段階の課程を含む）を設置していた。全体として、人文社会科学、工学、教育（教員養成）、伝統医学、農学、商学・経営、そしてブータンの言語・文化などの分野が提供されている。そして、これらのカレッジを中央集権的に調整する

表1　ブータン王立大学を構成するカレッジ

カレッジ名	所在地	設立年注1)	学生数注2)
Institute of Language and Culture Studies	トンサ	1997	418
Paro College of Education	パロ	1975	849
Samtse College of Education	サムツェ	1968	657
College of National Resources	ティンプー	1992	151
College of Science and Technology	プンツォリン	2000	477
Jigme Namgyel Polytechnic	ジョンガル	1972	413
Sherubtse College	タシガン	1976	1068
Gedu College of Business Studies	チュカ	2008	995
National Institute of Traditional Medicine	ティンプー	1971	51
Royal Institute of Health Sciences	ティンプー	1974	355

注1）高等教育段階の機関になった年を基準としているが、それが確認できないときには単にその機関が設立された年を示している。

注2）2010年に学位コース、非学位コースに在籍する総数（後期中等教育段階の生徒や大学院段階の学生も含む）。

出典：王立ブータン大学ホームページ、The Royal University of Bhutan, *Staff and Students Statistics 2011* 等をもとに筆者作成。

本部組織が首都ティンプーに置かれている。

ブータン王立大学が設立されて以降、学生数は急速に増加してきている。構成カレッジに在籍する学生は、学位コース、非学位コースあわせて、二〇〇五年には三七二七人だったが、二〇一〇年には五〇〇〇人を超えるまでになっており、今後もさらなる拡大が目指されている。中心的な教育課程である学士学位コースやディプロマコースの入学者は、後期中等教育の修了試験の成績に基づいて選抜される。学士学位コースは三〜四年（伝統医学のコースは五年）で三六〇単位取得することになっており、ディプロマコースは二〜三年で二四〇単位を取得するプログラムとして構成されている。この大学の規定では、一単位は授業の内外で一〇時間行う学習に対して与えることになっている。教員は一〇のカレッジをあわせて四八四人で、そのうち外国籍の者が八六人（一七・八パーセント）いる（二〇一〇年）。

この大学は、二〇一一年に王立人事院（Royal Civil Service Commission）から独立し、自ら運営に責任を負う機関となった。これは同大学が自治的な機関としての大学の機能を与えられたことを意味しており、人員管理、財政、教学などの側面で自由度が増すこととなった。例えば人員管理の面では、教職員は非公務員化され、その雇用や配置、昇進などの最終決定は大学によって行われる。また財政面では、経常経費が学生当たりの経費を基礎とした包括補助金として与えられるとともに、コンサルティングや短期訓練の実施などを通じた自己収入の創出が認められるようになった。その一環として、二〇一一年度から自費学生を受け入れるようになり、同年度には一七七人の自費学生が入学した。これは同年の入学者全体の一〇パーセントを占めており、その比率は二〇一三年度までに三〇パーセントへと高めた後、その比率を維持することが計画されている。二〇一二年度の自費学生の場合、年間の学費は人文科学系で六万一八〇〇ニュルタム（約九万六〇〇〇円）、科学技術系で七万六二二〇ニュルタム（約一一万八〇〇〇円）となっている。こうした自費学生の受け入れは、学生に国内で教育を受ける機会を提供するとともに、大学に長期的な発展と持続可能性を与えることになると考えられている。

私立カレッジの誕生

二〇〇九年、王立ティンプー・カレッジ（Royal Thimphu College）が設立された。これは、名称に「王立」の語が付されているもののブータンで初めての私立カレッジであり、ブータン王立大学の附属カレッジという位置づけになっている。このカレッジの使命として、適切な費用で国際標準の教育を提供することによってブータンにおける教育の卓越性に貢献すること、学生一人ひとりの成長を促進させること、学生の成長を助ける大学文化を創造すること、新たな観念や知識のるつぼとなることの四点が掲げられている。

この大学の学費は年間九万七〇〇〇ニュルタム（約一五万円）となっている（二〇一一年度、外国人学生の場合は年三三四〇米ドル）。二〇一一年度には、ビジネス管理、商業、コンピュータ応用、経済学、環境学、ゾンカ、社会学・政治学などの学士学位コースが設置されている。同年度には八六八人の学生が在籍しており、そのうち七〇パーセントはキャンパス内の宿舎で生活している。政府からの奨学金やＮＧＯと提携した大学独自の奨学金があるほか、一部の学生に対してキャンパス内でのアルバイトが提供されている。なお、卒業生に与えられる学位は、ブータン王立大学から授与される。

将来計画の策定

ブータンでは二〇一〇年に、今後の高等教育改革の方向性を示す『ブータン王国高等教育政策　二〇一〇』が策定された。よく知られているように、ブータン政府は「国民総幸福」（ＧＮＨ）という考え方を提唱しているが、今後の高等教育のあり方を示す際にもこのＧＮＨが基礎に置かれ、高等教育が「国民総幸福」の四つの側面―公正で持続可能な社会経済発展、環境保全、文化遺産の保存と促進、よき統治のそれぞれについて貢献すべきことがまず明記されている。そして、高等教育の目的として、①生産的で、社会的に責任感があり、文化的に確固とし、環境に意識的な市民を育てること、②リーダーシップの能力を含む、生活上核となるスキルを学生に身に付けさせること、③高度に訓練された人材や専門職従事者を養成すること、④各機関が継続的に知識を生み出し、ブータンを知識社会へと作り上げるのを促進させること、⑤継続教育や生涯教育の機会を提供することで人びとの成長を促進させること、⑥研究の文化を作り出すために新たな知識に対する情熱や好奇心を教え込むことの六点が設定されている。

また、そうした目的を達成するため戦略的に進める施策として、①GNHに基づく教育課程の提供、②能力に応じた高等教育機会の提供、③国内外の私立高等教育機関の誘致、④大学への自治権の付与、⑤質保証・認証制度の確立、⑥適切な財政メカニズムの強化、⑦研究と学術的発展のための環境整備、⑧個別機関と高等教育委員会（Tertiary Education Board）との年度成果契約の導入の八点があげられている。このうち①教育課程の提供については、幅広い分野で教養的内容と専門的内容からなる教育を提供し、コア・スキルを学生に身に付けさせることとともに、外国人学生をひきつける分野の育成に注意すべきことが指示されている。それから④大学への自治権の付与や⑤質保証・認証制度の確立に関連して、包括的な計画や戦略を策定する

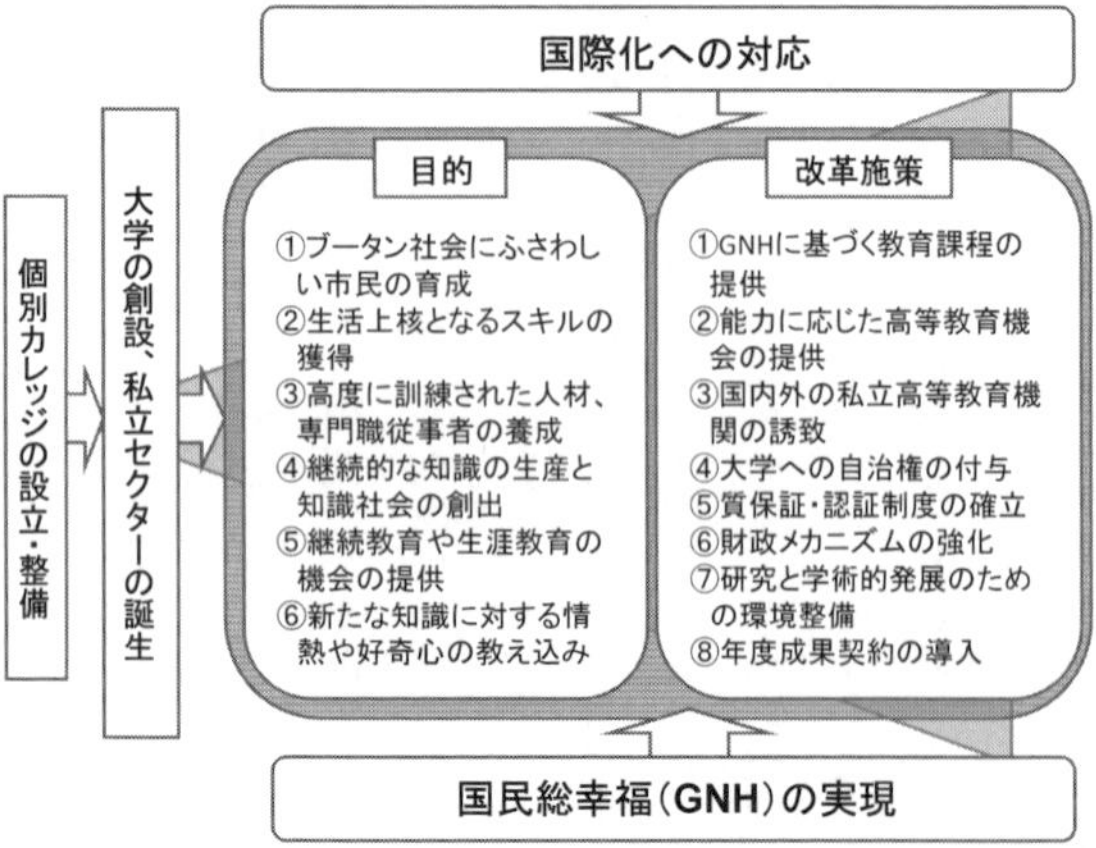

出典：筆者作成

高等教育委員会の設置や、質保証手続きの導入・実施、ブータン資格枠組み（Bhutan Qualification Framework）の策定、教育の質を評価するブータン認証委員会（Bhutan Accreditation Council）の設置などが示されている。前述したブータン王立大学の王立人事院からの独立は、この点に関してすでに生じている動きである。さらに、⑥財政メカニズムに関して、政府の財政支出方針の明確化、資源の共有化を通じた支出の最適化、私的セクターの参加などが謳われている。

留学生の送り出しと受け入れ

ブータンでは高等教育が量的に限定され、提供される専門分野も十分でないことから、海外で高等教育を受けようとする者も多い。ブータン政府は後期中等教育修了者を対象に国費留学の機会を提供しており、これも後期中等教育段階の修了試験の成績によって選抜が行われる。また、インド政府による海外留学奨学金も提供されている。こうした政府系の奨学金によって、二〇〇八年には四九〇人が留学している。一方、私費留学も活発で、同じ二〇〇八年には三二六二人が私費留学生として海外で学んでいる。その圧倒的多数の留学先はインドであるが（三二三六人）、バングラデシュ、タイ、フィリピンなどへも送り出している。先に言及した国内機関の学生数と比べてみると、高等教育を海外で受ける者の規模が相対的に大きいことがわかる。

これに対して、留学生の受け入れは限定的であるものの、私立の王立ティンプー・カレッジが外国人学生に門戸を開いているし、言語文化学院では二〇一二年度から外国人留学生を主たる対象とするヒマラヤ研究のプログラムを開設する計画があるという。前述した『ブータン王国高等教育政策　二〇一〇』でも外国人学生をひきつける分野の育成があげられており、留学生の受け入れが今後進むことが期待されている。

加えて、海外の優れた教育機関を誘致し、ブータンでの「知的ハブ」（knowledge hub）を発展させることを目的としたEducation Cityプロジェクトが、ドゥルク・ホールディング・インベストメント（DHI）社を中心として始まっている。Education Cityは、「世界中から優秀で名声の高い教育機関を設置することを通して質の高い教育のハブを作り出す」ことを目指している。海外の機関を呼び込むため、ティンプーと国際空港のあるパロとの中間地域にすでに約千エーカーの用地が確保され、その地に環境保護に配慮したキャンパスを整備することが計画されている。このプロジェクトを推進するため、二〇一〇年八月、プロジェクト諮問グループが作られ、そのメンバーに、ブータン王立大学の副学長（Vice-Chancellor）とともに、インド、シンガポールなどから企業、教育関係者を招聘している。政府もこのプロジェクトを後押ししており、『経済開発政策　二〇一〇』や前述の『ブータン王国高等教育政策　二〇一〇』のなかで、知的財産権の保護や学問の自由の確保、税制面での優遇、収益の還元などの点について、法規、制度の見直しによる環境整備を謳っている。このような取り組みが軌道に乗れば、ブータンで教育を受ける外国人学生の数も増加することになるだろう。

ブータンの近代的な高等教育は一九六〇年代から緩やかな発展を遂げてきたが、近年その姿は急速に変容してきており、そのより適切なあり方が模索されている。それは、一方ではGNHという考え方に基づく高等教育の実施であり、ブータン的な特色を維持・強化することに注意が払われている。他方で、それと同時に、量的な拡大、大学自治権の拡大、私立セクターの誕生、資格枠組みや質保証制度の導入・整備、国際化への対応といった「近代化」に向けた動きが、他の多くの国と同じように生じている。両者のバランスをとりながらいかにして「幸福の国」ブータンにとって望ましい高等教育システムを構築していくのか、今後の動向に注目していく必要があろう。

【参考文献】

ブータン王立大学ホームページ　http://www.rub.edu.bt/
杉本均「ブータン王国における公教育と青年の意識・伝統と近代」『ヒマラヤ学誌』第七号、二〇〇〇年。

第十二章　インド

―知的資本の拡大と還流を目指す「知的資本大国」構想―

東京大学大学院総合文化研究科・教養学部附属
教養教育高度化機構特任准教授
小《お》原《はら》優《ゆう》貴《き》

インド計画経営インスティトゥート（IIPM）

高等教育の私事化による量的拡大と教育の商業化、質の低下、格差拡大への懸念

リーマンショックの余波を受け世界各国が不況で苦しむなか、内需拡大によって堅調な成長をみせるインドでは、二十一世紀のグローバル・リーダーとして躍進するための成長戦略として、歴史上かつてないほど教育に対する期待が高まっている。「知的資本」を活用・創出する国が今後のグローバル社会をリードするというビジョンのもと、第一一次五カ年計画（二〇〇七～一二年）では国家知識委員会の勧告を踏まえ教育が最優先事項とされ、前計画の四倍（全体予算の約二〇パーセント）の教育予算が配分された。人的資源開発省のシバル大臣は、高等教育就学人口の増加が今後のインドの成長のカギになるとして、二〇二〇年には高等教育段階の就学率を現在の一二パーセントから三〇パーセントにまで引き上げる方針を発表している。

四八〇〇校の大学と約二万二〇〇〇校のカレッジによって構成されるインドの高等教育システムは、すでに中国、アメリカに次ぐ世界最大の規模である。シバル大臣は就学率三〇パーセント達成のためにはさらに六〇〇校の大学と三万五〇〇〇校のカレッジを設置する必要があるとして、国公立大学の増設に加え、民間投資の拡大、外国の教育機関の誘致を推進する方針である。しかし国公立大学と比べて授業料の高い民間や外国の高等教育機関の増加は、機会格差を

拡大すると批判する声もある。高等教育機関の認可と質保証を担う大学補助金委員会（UGC）の機能不全によって、インドでは政府からの補助金を受けない民間の高等教育機関の増加（全高等教育機関に占める比率は二〇〇一年四二・六パーセント→二〇〇六年六三・二一パーセントに上昇）に伴い、教育の商業化や質保証の問題が浮上しており、高等教育市場の開放はこれらの問題を一層悪化させると主張する者もいる。本章ではこうした様々な葛藤を抱えつつも、知的資本大国としての発展を目指すインドの高等教育のグローバルな動きに着目し、その実態に迫る。

インドの留学生送り出し数の増加と受け入れ国との関係変化

ユネスコの教育ダイジェスト二〇〇九によると、インド（一五万三三〇〇人）は中国（四二万一一〇〇人）に次ぐ世界第二位の留学生送り出し大国であり、インド人留学生の規模は一九九九年から二〇〇七年の間に約三倍増加しているという。国費での海外留学奨学金が限られているインドでは、中間層の拡大を背景に私費留学生の増加が留学生の全体数を押し上げている。留学先として最も人気があるのはアメリカで、一九九九年にはインド人留学生の実に七一パーセントがアメリカを留学先として選んでいる。アメリカに滞在するインド人留学生の多く（約七割）は、大学院在籍者である。米国際教育研究所によると、二〇一〇年では中国人留学生がアメリカの外国人留学生のなかで最多数を記録したが、二〇〇九年までは八年連続インド人留学生がトップの座を維持してきた。アメリカ政府とインド政府が両国間の大学間連携を図る目的で約一〇億円を投じて設置した「オバマ・シン二十一世紀ナレッジ・イニシアチブ」や、両国の学生や研究者の相互交換を支援するフルブライト・ネルー奨学金制度によって、今後アメリカとインド間の人材流動は、以前にもまして一層促進されるものと見込まれる。インド人留学生がアメリカで習得する技術や知識は、インドの知的資本の拡大にも貢献するものと期待される。

アメリカに留学するインド人学生の規模が拡大する一方、世界各地のインド人留学生総数に占めるその比率は一九九九年以降低下しており、二〇〇七年では五六パーセントにまで減少している。代わってオーストラリア（一六パーセント）、イギリス（一六パーセント）、ドイツ（二パーセント）、ニュージーランド（二パーセント）などが、インド人留学生の新たな受け入れ国となりつつある。こうした変化はインドと新たな受け入れ国との間に文化摩擦を引き起こしている。オーストラリアでは二〇〇九年、急増するインド人留学生を狙った暴力や盗難（カレーバッシング）が多発し国際問題にまで発展した。また同年、外国人留学生が全学生の約九割を占めるインターナショナル・カレッジが、オーストラリアの認証機関が規定する質保証基準（一四項目のうち一二項目）を満たさず閉鎖に追い込まれ、インド人留学生四五〇人がキャリアを中断されるという事件が起こった。受け入れ先の高等教育機関における質保証の問題は、送り出し国と受け入れ国間の政治的・経済的関係に影響を及ぼす国際問題にも発展しかねない。留学生送り出し数のさらなる増加が見込まれるインドにとって、この点は新たな課題となっている。

無認可で展開される外国大学の学位授与プログラムの統制と一流外国大学の誘致

「留学生送り出し大国」と称されるインドではあるが、送り出し比率は一〇〇人に一人と世界平均の一・八パーセントよりも低い。国費での海外留学奨学金が限られているインドでは、外国留学は一部のエリートに許された特権となっている。しかし近年では、外国大学の教育プログラムや外国大学そのものが移動する「国境を越える教育」がインドにも展開されるようになり、学生が自国にいながら外国大学の学位を取得できる環境が整備されつつある。インドにおける外国大学の学位授与プログラムは、主に外国の教育機関とインドの教育機関との連携によるツイニングプログラムによって実施されてきた。外国大学の学位授与プログラムがインドで展開されるようになって以来二〇年近く、インドでは外国大学の参入と運営を統制するための規則や法律が存在せず、これらのプログラムは無認可の状況で展開されてきた。

インド計画経営インスティトゥート（IIPM）もそうしたプログラムを提供する教育機関の一つである。IIPMはグローバル時代に生きるインドの若手起業家育成を目的として一九七三年に設置されたビジネス・スクールで、ベルギーの外国大学との連携により学位授与を行ってきた。IIPMは無認可大学であるにもかかわらず、ビジネス・スクール・ランキングで常にトップの座を占拠してきたインド経営大学（IIM、経営学系の最難関大学）を退け、「グローバル・エクスポージャー部門」で一位の座を獲得したことで注目を浴びた（Zee-ビジネス雑誌調べ）。インド政府の認可を得ていない学位はインドでは正式な学位としては認められておらず、IIPMをはじめとする無認可大学卒業生にはインドの公的機関への就職や政府系大学院への進学経路が閉ざされている。にもかかわらずIIPMは着実に学生数を増やし、全国に一八のキャンパスをもつほどにまで成長してきた。その理由として考えられるのが、IIP

Mの学生の多くが世襲による事業継承を行う中小企業経営者の家庭出身者であることである。国際的評価の高い諸外国の有名大学教員によるゲストレクチャーや先進諸国のグローバル企業訪問を取り入れたIIPMの起業家育成プログラムは、実践的なビジネス・スキルの習得に加え国際的視野を養うために役立つとして、インドの将来を担う中小企業経営者予備軍から支持を得ている。インド国内にいながらグローバルな教育経験を積めるIIPMは、インド固有の伝統的な生活様式や価値観を重んじる層にとっても都合がいいプログラムとなっている。高等教育就学人口の増加に伴い教員不足が深刻化するなか、IIPMは常勤講師に加え一流の国立大学教員を客員教員として多く採用することで教員の数と質を維持している。

無認可で展開する外国大学の学位授与プログラムのなかには、IIPMのようにビジネス・スクールとして着実に成長するものもある一方、ニセ大学のように教育の商業化や質保証が問題とされるものもある。こうしたなか、無認可大学の統制と外国の一流大学誘致の布石として、二〇一〇年三月に「外国教育機関の参入と運営に関する法案」が閣議決定された。本法案が国会の承認を得て法律が成立すれば、シバル大臣のねらいどおり外国の一流大学がインドに参入し、高等教育システムの質が向上するのかどうか、今後の展開に注目が集まる。

「頭脳流出」から「頭脳還流」へ――ディアスポラに対する優遇制度

先進諸国へのインド系ディアスポラ（自国を離れて暮らす国民）の増加は「頭脳流出」ととらえられ、国家の損失であると憂慮されてきた。しかし移住先で専門的な技術や知識を習得したディアスポラが起業目的のために帰国し、インド系ディアスポラ・ネットワークを生かして新規事業を成功させるなど、一度流出した頭脳がインドの発展に貢献するケースもみられるようになった。こうした変化を踏まえ、インド政府はインド系ディアスポラ・ネットワークをインドの国際競争力を高める重要な知的資本とみなし、ディアスポラの頭脳還流を奨励する政策を推進している。

二〇〇一～〇二年にはインドの工学系高等教育機関の難関校として知られる国家工科大学（NIT）をはじめとする三〇校の高等教育機関に、学士号取得を目指すディアスポラや外国籍の学生を対象に特別入学枠を設置する「外国在住生の直接入学（DASA）政策」が導入された（二〇一〇～一一年度のDASA枠は前年度比一・五六倍の二二〇四席）。工学系高等教育機関への進学を希望する国内在住の学生に関しては、中等教育修了試験を合格（各科目最低三三パーセントを獲得）し、なおかつ全インド工学入学試験（AIEEE）を受験した者のなかからAIE

図表１　インドの高等教育戦略

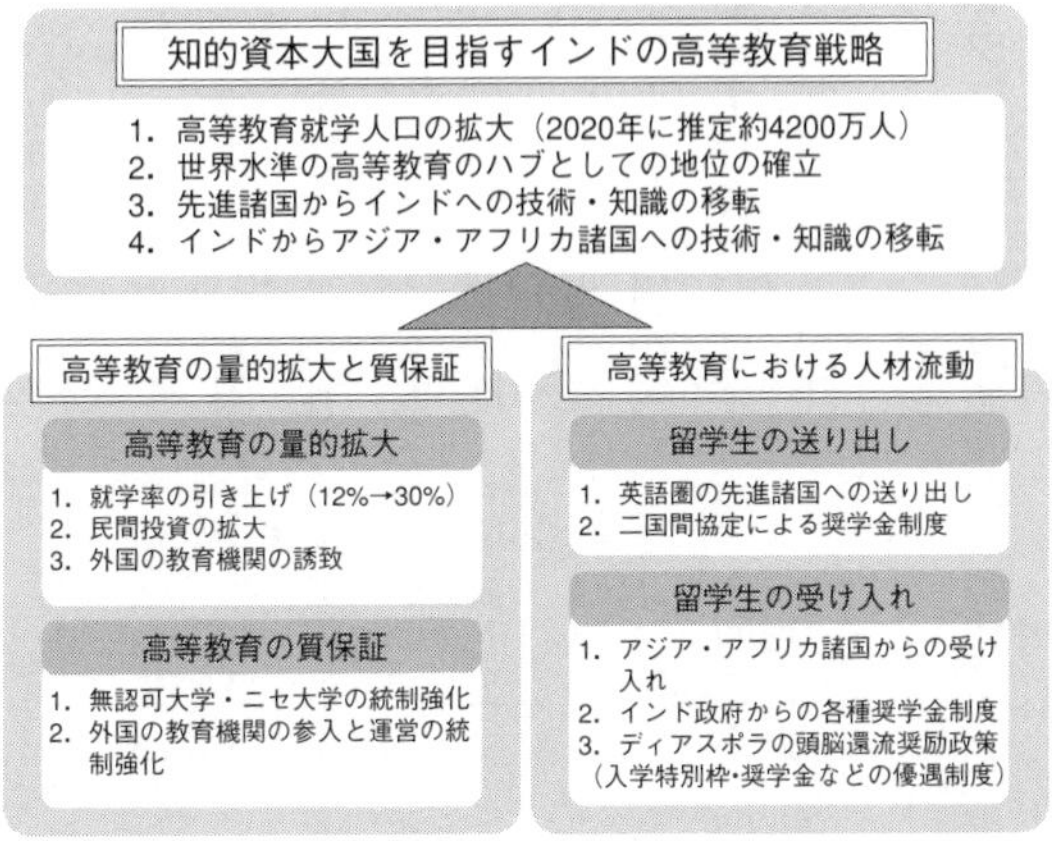
知的資本大国を目指すインドの高等教育戦略
1. 高等教育就学人口の拡大（2020年に推定約4200万人）
2. 世界水準の高等教育のハブとしての地位の確立
3. 先進諸国からインドへの技術・知識の移転
4. インドからアジア・アフリカ諸国への技術・知識の移転
高等教育の量的拡大と質保証
高等教育の量的拡大
1. 就学率の引き上げ（12%→30%）
2. 民間投資の拡大
3. 外国の教育機関の誘致
高等教育の質保証
1. 無認可大学・ニセ大学の統制強化
2. 外国の教育機関の参入と運営の統制強化
高等教育における人材流動
留学生の送り出し
1. 英語圏の先進諸国への送り出し
2. 二国間協定による奨学金制度
留学生の受け入れ
1. アジア・アフリカ諸国からの受け入れ
2. インド政府からの各種奨学金制度
3. ディアスポラの頭脳還流奨励政策（入学特別枠・奨学金などの優遇制度）

出典：筆者作成

ＥＥの成績順に合格者が選抜される。ＡＩＥＥＥの準備にはそれに特化した訓練が必要とされ、それ専門の予備校があるほどである。外国在住生はこうした負担を免除されるかわりに、国内在住生よりも授業料が高く設定されている。例えばNIT Trichy校の年間授業料は、国内学生の場合約八万六〇〇〇円であるのに対し、南アジア地域協力連合（ＳＡＡＲＣ）からの外国籍保持者は年間約二〇万円、その他の外国籍保持者やインド系ディアスポラは年間約四〇万円となっている。従来、外国在住生に対しては、居住地で実施される中等教育修了試験を六〇パーセント以上の成績で合格するということ以外に学力に関する入学基準は規定されてこなかった。しかしDASA枠入学者の成績不良が受け入れ大学によって報告されるようになり、二〇一〇～一一年度からはアメリカのカレッジ委員会が運営する大学進学適性試験（SAT）で最低一八〇〇点（数学、物理、化学の総計）を取得することが、外国在住生の受験資格として新たに設けられ、外国在住生はSATの成績順に選抜されることとなった。

インド政府はこの他にも親の月収が二二万円以下のインド系ディアスポラの学生一〇〇名を対象に、インドの学位授与プログラムにかかる教育費の七五パーセントを負担する奨学金政策を二〇〇六～〇七年度より実施している。二〇一〇～一一年度の志願者の居住国はオマーン、UAE、サウジアラビア、バーレーンなどの中東諸国が最も多く、スリランカ、マレーシア、アメリカなどの国が続く。インド系ディアスポラを優遇するインド政府の政策は、彼らのインドに対する帰属意識を高め、知的資本大国インドを支えるディアスポラ・ネットワークの構築にも役立つと考えられる。

アジア・アフリカ諸国からの留学生の受け入れと奨学金制度

インドはディアスポラのみならず諸外国からの留学生受け入れも積極的に行い、世界水準の

図表2　インドにおける外国人留学生の出身国（2007―08）

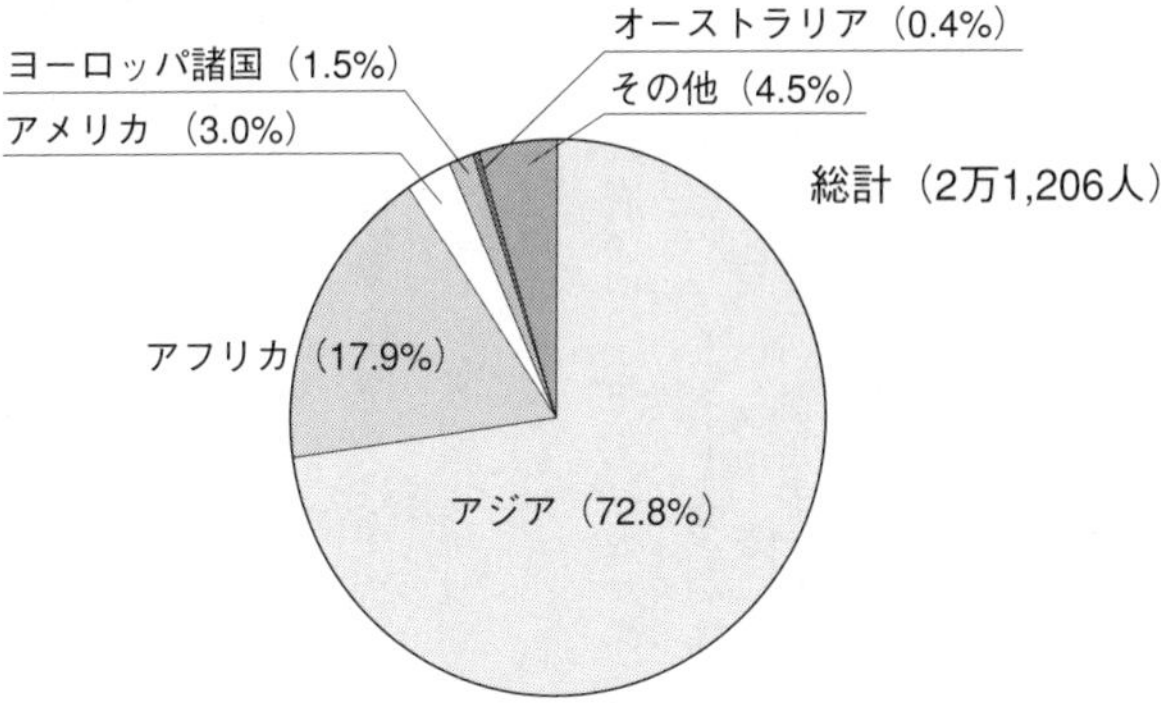

出典：Dongaonkar, D. and Negi U. R.（2009）を参考に筆者作成

教育のハブとしての地位を築こうとしている。インドの留学生受け入れ数は送り出し数と比べると小規模ではあるが、毎年約二万人近い留学生を受け入れている。その約九割はアジア・アフリカ諸国からで、約五パーセントがアメリカ、ヨーロッパ、オーストラリアなどの先進諸国からである（図表2参照）。二〇〇七〜〇八年度の留学生の出身国をみると、ネパール（二位）やスリランカ（五位）などのSAARC諸国に加え、イラン（一位）、UAE（三位）やケニア（九位）、オマーン（一〇位）など、環インド洋地域協力連合（IOR―ARC）加盟国が上位を占める。IOR―ARCのなかで最も目覚ましい成長を遂げているインドは、加盟国（うち一四カ国）間の留学生交換プログラムである環インド洋大学移動

プログラム（UMIOR）の推進役として期待されている。UMIORはその加盟国であるオーストラリア・南アジア・東南アジア・中東・アフリカ諸国間の知的資本の還流を促す媒体として機能している。SAARC、IOR―ARCのいずれにも属していないながら四位にランク入りしたエチオピアは、一九六四年以降、南南協力の一環として、インド技術経済協力プログラムによる技術支援を受けてきた。インドはエチオピアの「成長モデル」とみなされており、インドのエチオピア人留学生は、私費留学生、インド政府奨学金受給者（アフリカ諸国のなかで三番目に多い九〇名）ともに近年急増している。

インド政府が留学生受け入れのために実施している奨学金制度はいくつかあるが、その代表的なものとして、インド文化関係カウンシルが提供する奨学金制度がある。毎年約二〇〇〇人近くの学生が、この制度を利用してインドの高等教育機関に留学している。これらのなかには、学位取得を目的とする留学生を対象に授業料や生活費などを負担する「一般文化奨学金制度」（東南アジア、南アジア、中東、アフリカなどの四六カ国対象）や、インドの宗教・伝統音楽・舞踊・工芸に関する学位取得あるいはその他の非公式なプログラムへの参加を支援する「文化交換プログラム」（上記地域に加えヨーロッパ、東アジアの国々を含む六八カ国対象）などがある。

この他にもイギリスとかつてその植民地下にあった国々によって構成されるコモンウェルス諸国やSARCなど、インドが加盟する連合体からの学生を対象とする奨学金制度がある。

インドを中心に展開されるグローバルな知のネットワークは、知的資本大国を目指すインドの原動力として大いに期待される。インドの高等教育における就学人口の量的拡大および人材流動の進行に伴い、国際社会におけるインドの存在感は今後ますます高まるものと予測される。同時にインドの国際的評価は、インドの高等教育の質保証のあり方に大きく左右されることとなろう。

【参考文献】

Dongaonkar, D. and Negi, U. R., *International Students in Indian Universities 2007–08*. New Delhi : Association of Indian Universities, 2009.

India Today, *600 Varsities, 35000 Colleges Needed in 10 Years*, April 1, 2010. http://indiatoday.intoday.in/story/'600+varsities,+35000+colleges+needed+in+10+years'/1/90786.html（最終アクセス日二〇一二年八月二日）

The Hindu, *Australia Closes College with over 450 Indian Students*, June 24, 2010.
http://www.hindu.com/2010/06/24/stories/2010062463821200.htm（最終アクセス日二〇一二年六月二十五日）

第十三章　スリランカ

―平和構築と経済発展のための人材育成と国際化への挑戦―

上智大学総合人間科学部教育学科教授
杉《すぎ》村《むら》美《み》紀《き》

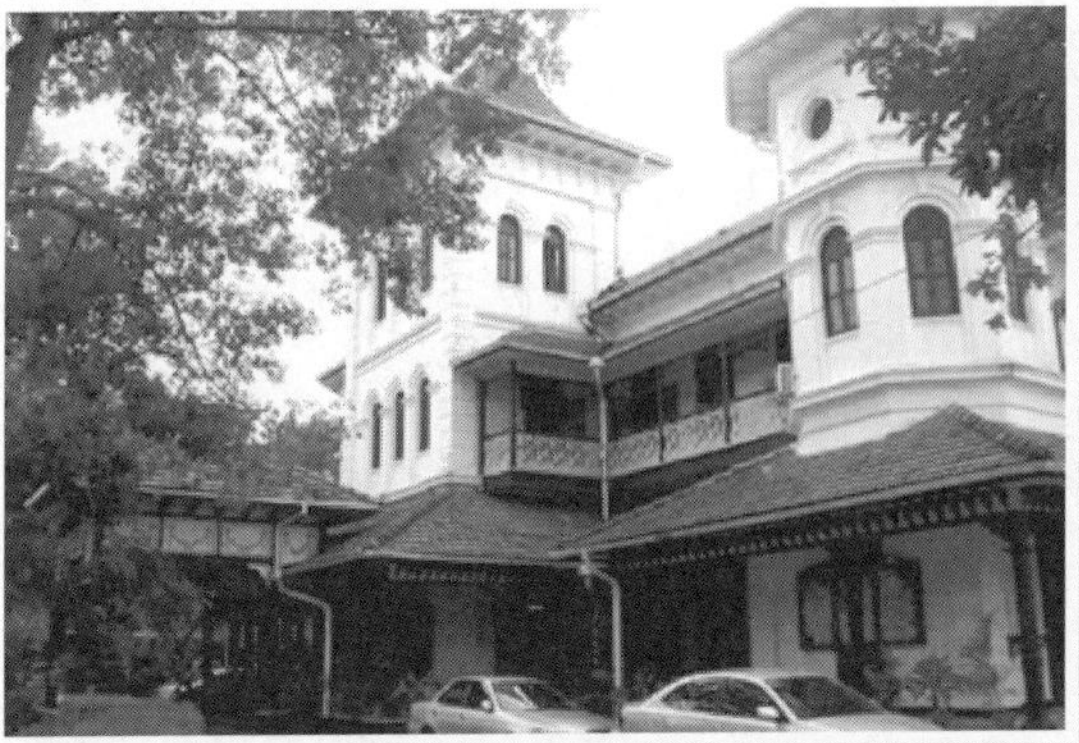

コロンボ大学　本部棟（通称カレッジ・ハウス）

民族対立の激化と国民統合の課題

スリランカはイギリスから一九四八年に独立後、民族、宗教ならびに地域別差異をもつ多文化社会として、国民統合を大きな課題としてきた国である。高等教育とそこでの人材育成を考えるうえでも、その複雑な社会構造と様々な対立は避けて通ることのできない課題となっている。約二〇四〇万人（二〇一〇年現在）の人口をもつスリランカは、民族的にはシンハリ族七四パーセント、スリランカ・タミル族一二・六パーセント、インド・タミル族五・五パーセント、ムーア族七・一パーセント、その他となっている。他方、宗教的には仏教徒が全体の約七割を占めるのに対し、ヒンズー教が一五・五パーセント、キリスト教（主としてカトリック）七・六パーセント、イスラム教（スンニ派）七・五パーセント、その他となっている。さらにこうした民族と宗教の多様性は、地域によっても異なり、北部と東を除いて、国土全体に分布するシンハリ族仏教徒に対し、北部および東部はタミル族ヒンズー教徒、東部にはイスラム信仰者（ムスリム）、中央部等にはインド・タミル族、コロンボおよび西部はマレー系が多いといった特徴がみられる。

民族・宗教間の問題が顕在化したのは、一九四八年の独立後である。独立前の一九四四年には、タミル・ナショナリズムを柱とする全セイロン・タミル会議（All Ceylon Tamil Congress）が、議会の定員をシンハリ族五〇パーセント、その他の民族五〇パーセントとすることを提案した。しかし、イギリス植民地政府は、民主主義に反するとしてすぐにそれを否定した。ところが、独立後、スリランカ自由党（Sri Lanka Freedom Party：ＳＬＦＰ）を結成し、一九五六年に政権を獲得したシンハリ・ナショナリズムは、英語のかわりにシンハラ語を唯一の公用語とするシンハラ語公用語法を制定し、かつタミル族を公務員から排除するなど、強硬な政策を打ち出し、シンハリ族とタミル族の衝突が顕在化するようになった。

民族対立の激化にさらに拍車をかけたのは、一九七二年の選挙にＳＬＦＰが勝利し、首相に就任したＳ・バンダーラナーヤカが共和制に移行し、国名をセイロンからスリランカ共和国に改称するとともに、新憲法を発布したことによる。新憲法では、シンハリ語を唯一の国語と定め、かつ宗教についても、信仰の自由といずれの宗教も保護することを保障しながらも、仏教に特別の位置づけが与えられた。これにより、教育においても、シンハリ語とタミル語のそれぞれを教授用語とする学校が分離され、かつ教育により子どもたちを「スリランカ人（Sri Lanakans）」として育てることが目的とされるようになった。これに対して、タミル族は、「タミルの新しい虎（Tamil New Tiger：ＴＮＴ）」が分離独立運動を開始した。

タミルによる分離独立運動は、一九七五年には、「タミル・イーラム解放の虎（Liberation Tigers of Tamil Eelam：ＬＴＴＥ）」となりスリランカ政府との間に激しい攻防を展開した。二〇〇〇年にノルウェーの調停で停戦したが、ＬＴＴＥによる攻撃は続き、二〇〇二年にあらためて無期限停戦に合意したものの、二〇〇六年にはＬＴＴＥが停戦協議の無期限離脱を宣言、引き続き攻撃を続けたが、二〇〇九年五月に政府軍がＬＴＴＥの実効支配地域を制圧して停戦が最終的に実現した。

基礎教育の普及と限られた高等教育機会

国家建設の傍ら、民族や宗教による格差と対立問題を抱えてきたスリランカであるが、義務教育制度そのものは比較的早期から整備されてきた。現行の教育制度は、初等教育五年、中等教育八年（中学校四年、高校前期二年、高校後期二年）であり、五歳から一四歳までの義務教育修了者は九割弱である。九〇パーセントを超える高い識字率を誇り、女子の就学率も男子と同等に高いのが特徴となっている。こうした比較的高い教育普及の背景の一つに、無償教育制度の導入がある。同制度は、貧困家庭出身者に対する奨学金制度等とともに、スリランカの教育制度を特徴づけるものとなっており、この結果、初等・中等教育全体を含めた同年齢人口の在籍者比率は、一九八〇年に約六三パーセントであったのが、一九九〇年には七二パーセントとなり、二〇〇五年以後もほぼ七割と内戦が展開されてきた期間にも一定の水準を示している。

これに対して、高等教育在籍者の比率は、無償制度が導入されてきたにもかかわらず国立の高等教育機関についていえばまだ低調である。一九八〇年の同年齢人口の在籍者比率は一・二パーセント、一九九〇年に一・六パーセントであり、二〇〇〇年に二・三パーセントとなった後は漸増しているものの、二〇一〇年で四・三パーセントである。この数値は実際の進学需要の高さを考えると低い。そのことは、高等教育進学のために受験する高校後期の全国統一試験（Aレベル）の受験者数約二一万人のうち、スリランカ国内の国立大学への進学資格を取得できた生徒は約九万人いるにもかかわらず、実際に国立大学に入学が可能なのは約二万人という状況からもみてとれる。こうした高等教育機会の不足に対して、後述するように、今日では私立高等教育機関が増加しつつある。

公的高等教育制度の歴史的展開

今日、スリランカの国立の高等教育機関には大学（university）一五校、分野別の大学院（post-graduate institute）七校（医学、農業、仏教学、考古学、経営学、科学、英語）、研究所（institute）が九校あり、二〇一〇年現在、それぞれの受け入れ学生数は、大学が約九万八〇〇〇人、大学院が五七〇〇人、研究所が四六〇〇人で、延べ一〇万八〇〇〇人の就学者がいる。高等教育機関のうち、最も規模が大きいのは通信教育を行っている「スリランカ放送大学」（学生総数約一万八〇〇〇人）であるが、それ以外では「コロンボ大学」（一万二〇〇〇人）と「ペラデニア大学」（一万一〇〇〇人）、「ジャエワルデネプラ大学」（一万五〇〇〇人）が大きい。そのうち、独立前からの歴史をもつのはコロンボ大学とペラデニア大学だけであり、その他の大学、大学院、研究所はすべて独立後に設立されたものである。

そもそもスリランカの高等教育の端緒は、一八七〇年に設立された「セイロン・メディカル・カレッジ」に遡る。同カレッジと、一九二一年に設立された「セイロン・ユニバーシティ・カレッジ」が統合され、一九四二年に、今日のコロンボ大学ならびにペラデニア大学の前身である「セイロン大学」が創設された。現在、コロンボ大学の本部棟として使われている「カレッジハウス」（章扉写真参照）は、一九二〇年当時から使われており、大学の歴史を刻んできた建物である。

創設当初のセイロン大学は、イギリス本国のエリート養成のための Oxbridge Model に準拠した英連邦のなかの拠点大学として位置づけられていたが、一九六六年に制定された「高等教育令（Higher Education Act）」によって「高等教育国家評議会（National Council of Higher Education）」が設立され、一九七二年に「スリランカ大学令（University of Sri Lanka Act）」が施行されると、その第一条により、当時、設立されていた五つの大学はすべて「スリランカ大学」としてその傘下にある各校舎として位置づけられた。この結果、大学のオートノミーは低下したが、一九七八年に再度、大学制度改革が行われ、「大学令」第一六条に基づき、各大学がそれぞれ独立した大学として認められるようになった。

ただし、こうした高等教育の制度変遷のなかでも、前述のとおり、スリランカに特有な民族間の対立の高まりが色濃く影響していたことは見落とせない。一九七二年の憲法発布（前出）を前に、一九七一年以降、高等教育では、「標準化（standardization）」政策が実施され、各言語グループの人口比率に応じて入学者数を決定するクォーター制度が導入された。その結果、タミル語を母語とする学生は、シンハリ語の学生よりも高得点を取らなければならなくなった。この制度は一九七七年には廃止されたが、他方、一九七二年には、地域別のクォーター制度も導入されている。こうした一連の高等教育のあり方をめぐる民族間ならびにそれに基づく地域間の格差や対立の問題は、特に一九七〇年代以降のタミルの反対闘争を生むこととなった。

平和構築に向けた新生スリランカと高等教育の新たな展開

高等教育の歴史的展開を踏まえる時、停戦がようやく実現した今日のスリランカにとって、教育は、平和構築の実現と経済発展、ならびにそれに資する人材育成を実現するうえで大きな鍵をにぎっている。世界銀行（二〇〇九）は、スリランカが低所得国から中所得国への飛躍と平和構築という二つの大きな国家課題を抱えており、それらを両方とも解決することが今後のスリランカの発展には必要であり、かつそれを実現できるだけのキャパシティを有している国であると指摘している。特に高等教育は、そのための重要な施策である。

一般に、教育は、スリランカに限らず、国家発展のための人材育成と経済発展に大きな役割を果たすものとして国家政策上重視される。その一つの観点は、初等・中等教育段階での公教

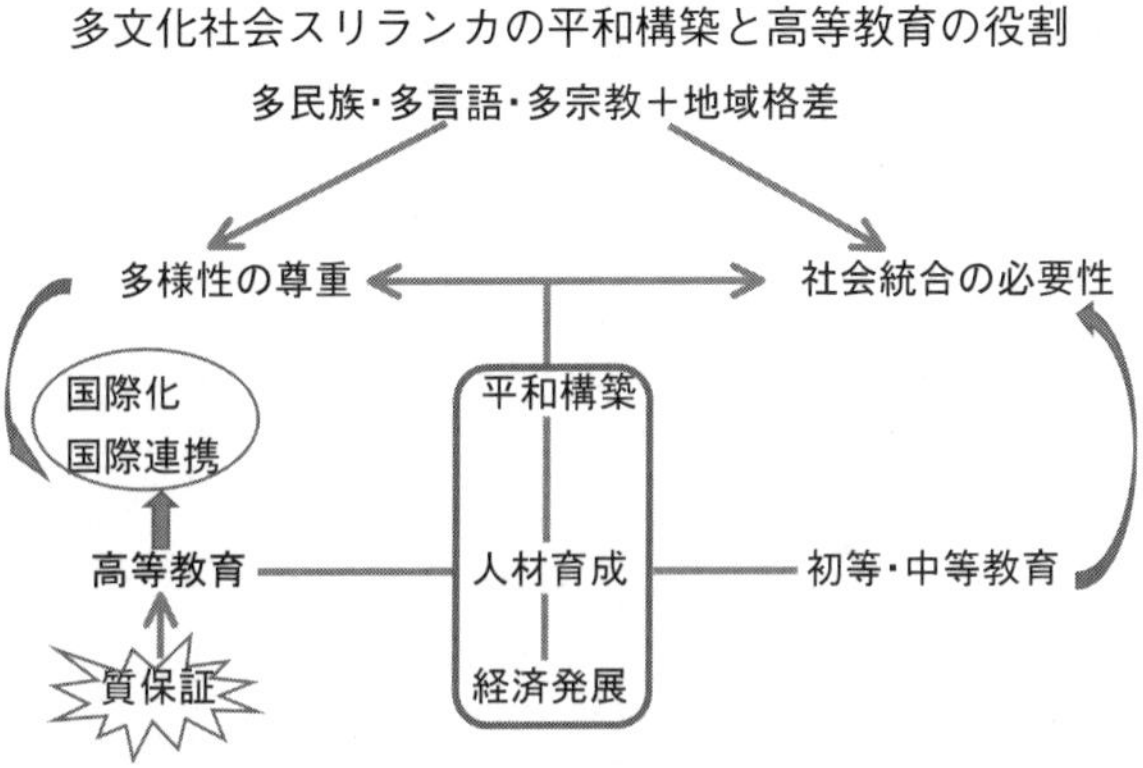

出典：筆者作成

育を通じて、国民教育を実施し、社会統合のための共通基盤を形成しようとするものである。スリランカのように、多民族、多宗教、多言語にわたる多文化社会では、教育による共通の言語や価値観の教授・伝播は必要不可欠な課題であることは言うまでもない。しかしながら、すでに述べたこれまでの民族紛争や地域格差にみるように、スリランカの場合には、民族や宗教、言語が入れ子状に複雑にからみあっており、それぞれの差異を認めないまま、一定の言語や宗教、価値観に統一を図ることは不安定な社会状況を作り出すおそれがある。多文化社会スリランカにおいては、ポスト・コンフリクトの平和構築を一方向的な政策をとるのではなく、多様性をいかに保持し、かつそのなかで社会統合を図っていくかが重要な要点になる。

この点に関して、世界銀行（二〇〇九、前出）は、スリランカの高等教育が次のような点で発展要因を有していると分析している。すなわち、第一に、二〇〇〇年代以降、停戦実現前より、特に第三次サービス産業を中心として一定の経済成長が認められるようになり、それに伴い、金融や情報技術分野の発展に重点が置かれるようになっていること、第二に、政府が長期的な計画のもとに経済発展とそれを支える人材育成を重視するようになっていること、第三に高まる高等教育需要への対応として、従来からの学位授与を中心とした国立の高等教育機関だけではなく、私立教育機関の設立を促し、あわせて、学位授与機関とディプロマ授与機関を区別することで、多様な高等教育制度を整備しつつあることをあげている。

実際にこうして国立と私立を総合した高等教育就学者数をみると、国立だけでみた場合には前述のように約一一万人にすぎない就学者数が、三九万人（二〇〇六／二〇〇七年度）となる。これは、大学（一九パーセント）や放送大学（七パーセント）、大学院・研究所（二パーセント）の他に、外部学位（External Degree）プログラム在籍者（五八パーセント）、国立の高等技術学校（Sri Lanka Institute of Advanced Technological Education：ＳＬＩＡＴＥ）（二パーセント）、私立教育機関（一二パーセント）と、従来はなかった新たな高等教育プログラムの在籍者が加わっているためである。

なかでもスリランカ政府が近年、重点を置いているのは、高等教育機会拡大のための外部学位プログラムならびに技術教育発展のための高等技術学校（ＳＬＩＡＴＥ）の拡充である。こうしたプログラムの多様化は、高まる高等教育需要に対応するために、教育機会の拡大を企図して実施されているものであり、例えば、スリランカ政府が行っている遠隔教育プロジェクト（Open and Distance Learning (ODL) Universities）は、国立と私立の教育機関がともに採用できるプロジェクトである。また、スリランカのマヒンダ・ラジャパクサ大統領（当時）が二〇〇五年に発表した施政方針「マヒンダ・ビジョン」（Mahinda Chintana）には、社会経済発展のための情報技術の拡充が強調されており、それは遠隔教育プロジェクトや、国立高等技術学校（ＳＬＩＡＴＥ、前出）において高等教育段階の情報技術教育の中核に位置づけられている。

経済発展実現のための高等教育の国際化戦略と課題

スリランカの高等教育の発展要因をもう一つ特徴づけるものに、国際化戦略がある。スリランカの高等教育省によれば、現行の高等教育政策の目標は、「アジアの最も効率的な教育拠点となること（To be the most cost effective education hub in Asia）」である。実際、スリランカにはすでに様々な私立高等教育機関が設立されるようになっている。在籍者数の割合は、全高等教育就学者数の一二パーセントとまだ多いというわけではないが、国立大学に入学できなかった進学希望者の受け皿となっているほか、私立教育機関では英語教育に重点を置き、かつ企業が必要とするソフト・スキルが習得しやすいこと、国立大学で起こる対政府デモなどが無いこと等から、入学希望者が増加している。

さらに、私立教育機関は国際化の推進の点で機動力に優れている。スリランカからの留学生は、二〇〇五年の推計でおよそ一万人が海外に留学しているが、他方、スリランカ国内に設立されている私立高等教育機関が、国際連携やクロス―ボーダープログラムの積極的導入により、英語によるトランスナショナルな教育を展開する例もみられるようになっている。なかには、スリランカ側ではなく、海外の教育機関がスリランカに分校を設置する例もみられる。例えば、オーストラリアのモナシュ大学のスリランカ分校は、一年間の大学予備課程を提供し、終了後、モナシュ大学の本部があるオーストラリアの他、マレーシアや南アフリカで展開しているモナシュ大学の海外キャンパスへの進学をさせるシステムを導入している。こうした国際化を含めた高等教育の発展戦略は、高等教育機会の増加に資するだけではなく、他国からの教育投資、ならびに他国政府のスリランカへの関心を高め、ひいてはスリランカ側にとっても相手国側にとっても、将来的な経済交易活動を担う人材育成にもなることが利点である。

ただ同時に、こうした国際化戦略は、頭脳流出の問題も引き起こしている。特に医学を含む理科系の人材については、優秀なスリランカ人材の獲得競争がすでに留学生受け入れ主要国の間で始まっており、旧宗主国のイギリスのみならず、中国やオーストラリアなどが留学生招致の高等教育フェアを開催している。紛争後の平和構築と経済発展に向けて人材を必要としている新生スリランカにとって、頭脳流出は大きな損失であるが、国内の高等教育機会の整備拡充がまだ十分ではないなか、国際化をどのように展開していくかについては微妙な舵取りが必要となっている。

高等教育の多様化・拡充に伴う質保証の課題

さらに、スリランカの高等教育が今後、その拡充を図ってプログラムの多様化と国際化の方向性をより積極的に打ち出そうとする場合、避けて通ることのできない課題に、教育の質をどのように担保し、あるいは向上させるかという重要な課題がある。スリランカではすでに、政府機関のもとに質保証・学位認証機関（Quality Assurance and Accreditation Council of the University Grants Commission in Sri Lanka : QAA Coucil）が設けられており、高等教育の質保証の基準設定や認証評価を積極的に行っている。そこでは、高等教育のカリキュラム、教授法、教職員、施設・設備、評価方法など、他国との共通の指標を意識しながら、国際化競争に準拠できる観点が盛り込まれ、質保証およびその改善に向けての取り組みがすでに始まっているが、課題が多いのも現実である。特に、高等教育人口の多くを占める外部学位プログラムの修了者については、その未就業状況から、プログラムの改善や終了後のフォローアップ教育の必要性も問われており、実質的な高等教育拡充をどのように実現していくかが大きな課題である。

質保証の課題は、単に国内の問題にとどまらず、前述のとおり、国際化のなかで他国との人材獲得競争を行ううえでの指標ともなり、実質的な質保証が実現されなければ、人材の頭脳流出の深刻化にもつながりかねない。一方で、冒頭で述べたとおり、スリランカの高等教育には、複雑な民族、宗教、地域的差異の状況のなかで、スリランカ国内の大学間格差の問題も重要な課題となっている。複雑な多文化社会の構成を抱えながら、一方で社会統合を図りながら、他方で多様性に配慮した平和構築と経済発展を実現しようとしているスリランカ。その鍵となる高等教育における人材育成は、その意味で、国内外の状況を考慮しながら、特に質保証と発展をどのように実現させていくかという点に成否がかかっているといえる。

【参考文献】

杉村美紀「高等教育サービス機関の戦略とトランスナショナル教育：オーストラリアに基点をおくスリランカのモナシュ・カレッジの機能」『トランスナショナル・エデュケーションに関する総合的国際研究』平成二十～二十二年度科学研究費補助金基盤研究Ｂ（一般）最終報告書（研究代表　杉本均京都大学教授）、二〇一一年三月、二〇六～二一八頁。

Ministry of Higher Education Sri Lanka, http : //www.mohe.gov.lk/（二〇一一年四月三十日最終閲覧）

University Grants Commission, *Sri Lanka : University Statistics 2010*, University Grants Commission, Colombo, 2011.

University of Colombo, http : //www.cmb.ac.lk/（二〇一一年四月二十八日最終閲覧）

University of Peradeniya, http : //www.pdn.ac.lk/（二〇一一年四月二十八日最終閲覧）

QAA Council Sri Lanka of University Grants Commission, http : //www.qaacouncil.lk（二〇一一年五月五日最終閲覧）

Wisma Warnapala, *Higher Education Policy in Sri Lanka : New Perspectives and Change*, Vijitha Yapa Publications, Colombo, 2009.

World Bank, *The Towers of Learning : Performance, Peril and Promise of Higher Education in Sri Lanka*, The Word Bank, Human Development Unit, South Asia Region, Colombo, 2009.

第十四章　オーストラリア

―アジア太平洋地域を舞台にした国際教育の展開と質保証―

東北大学高度教養教育・学生支援機構教授
杉《すぎ》本《もと》和《かず》弘《ひろ》

シドニー大学

アジア太平洋国家オーストラリアの大学と留学政策

英国植民地だったオーストラリア社会に、最初の大学としてシドニー大学が誕生したのは一八五〇年のことである。それ以降、二十世紀初頭までの戦前期オーストラリアに都合六校の大学が設立された。これらは基本的に当時の英国大学から少なからぬ影響を受けた大学創設であった。オーストラリア社会が常に英国との関係性のなかでアイデンティティを形成したように、大学も基本的に英国的エトスを内面化して誕生した。

しかし戦後、オーストラリアが白豪主義を捨て去り、アジア太平洋国家として自己像を描き直そうとするなか、大学もアジア太平洋地域で生きる道を模索することとなった。アジアからの移民・難民の受け入れが本格化するのは一九七〇年代以降だが、大学によるアジアへの関与は、英連邦外相会議が提唱・開始したいわゆるコロンボ計画（一九五一年）からすでに始まっていた。南アジア・東南アジア諸国への経済・教育援助を目的としたコロンボ計画の下、オーストラリアの大学は奨学金給付型の留学生を中心に四万人程度を受け入れていくことになる。しかも、一九七四年に大学授業料が廃止されると留学生にもその恩恵が与えられ、私費留学生の数も増える結果となった。さすがに一九七〇年代末には私費留学生から一部費用の徴収が始まるが、それでもオーストラリアによる留学生受け入れが域内に対する援助的性格を基本としていたことは強調されていいだろう。

そこに明らかな変化が生じたのは一九八〇年代のことである。国際援助政策の検討を行ったジャクソン報告（一九八四年）が、援助アプローチに基づく留学生受け入れ策を転換し、留学生への教育費用負担を求める方向を打ち出したのである。これは、当時のオーストラリア経済が抱えるマイナス成長・高インフレ・高失業率といった諸問題を背景に、国際援助政策や国際教育政策に大幅な見直しを迫るものだった。この提言を受け、一九八五年にオーストラリア政府は一部の支援を除いて留学生からの費用全額徴収を開始し、自国の高等教育市場を留学生に開いていくことになる。

拡大する高等教育サービス輸出

オーストラリアによる国際教育は、特に一九九〇年代以降、連邦政府による予算削減を背景に急速な拡大をみせる。一部の高等教育機関にとって留学生受け入れが重要な収入源となったからである。国際教育の提供方法も多様化した。留学生を国内に受け入れて教育する伝統的形態（オンショア）に加え、海外における分校の設置がみられるようになった。現地機関と共同で教育プログラム（ツイニング・プログラム）を提供する形態（オフショア）も登場した。

この時期、グローバル化の波が教育にも及びつつあった。二〇〇〇年代に入ると、世界貿易機関（WTO）におけるGATS（サービス貿易に関する一般協定）の交渉の場で教育サービスの自由化をめぐる議論が本格化し、オーストラリアも自由貿易化を強力に推進した。

現在、国際教育は輸出品の一つとみなされるようになり、オーストラリア経済を支える基幹輸出産業へと成長した。教育サービス輸出額は二〇〇六年以降、石炭・鉄鉱石に次いで第三位に位置し、二〇〇九年時点では金に抜かれたものの、それでも第四位に位置する重要輸出品（二〇〇八～〇九年度で約一七二億豪ドル）であることに変わりはない。サービス分野に限ってみれば、観光業（約一一七億豪ドル）を抑えて堂々の輸出額トップとなった。

なかでも一番の稼ぎ頭は高等教育セクターである。職業教育訓練セクター（VET）も二〇〇九年までの数年間で留学生数が急速に増大したものの、以後は減少が続いており、教育サービス輸出の主役はやはり高等教育セクターが担っている。高等教育セクターの留学生数の伸びは、国内学生の平均増加率一・七パーセント（二〇〇二～一〇年）を大きく上回り、平均で毎年

図表1　高等教育学生数と増加率の推移（2002－2010年）

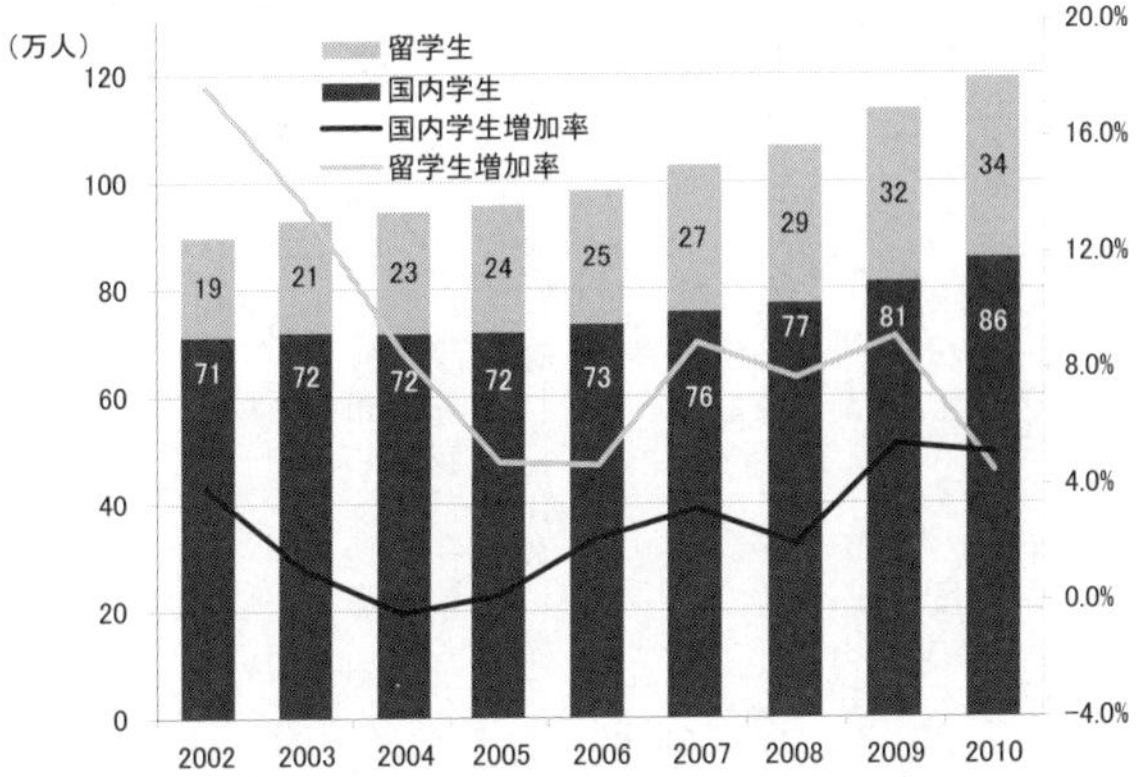

出典：Higher Education Student Statistics 各年度版より筆者作成

約九パーセントの伸びをみせている。その結果、二〇一〇年には国内外で三三万人を超える留学生（オンショア二五・九万人、オフショア七・六万人）が学び、学生全体の二八・一パーセントを占めるに至っている（図表1）。留学生の出身国はアジアが八割を占め、そのうち中国とインドが四割強を占めている。近年ではベトナム、ネパール、サウジアラビアからの留学生も増える傾向にある。出身国の順位に変動はあるものの、一貫してアジア諸国が留学生の主たる供給源であり続けている。

さらに、国際教育のオフショア展開もその舞台は圧倒的にアジアである。モナシュ大学（マレーシア・南アフリカ）、ＲＭＩＴ大学（ベトナム）、スウィンバーン工科大学（マレーシア）等が海外分校を設置し、その他の大学もシンガポール、マレーシア、中国、香港等で教育プログラムの提供を行っている。オフショア・プログラムの開講数（海外分校による提供も含む）は二〇〇三年の一五六九をピークに減少傾向にあるが、二〇〇八年現在でも八八九に上る（Universities Australia 2009）。学生数でみると、留学生のうち四人に一人がオーストラリア国外で学び、その多くがアジア諸国に分布している。(1)

いずれにせよ、高等教育在籍者の二五パーセント以上を留学生（オンショア＋オフショア）が占めるという事実は国際的にみても突出した特徴である。高等教育の国際展開がもつ戦略的重要性がますます高まっていることは確かである。

オーストラリア国際教育市場の光と影

オーストラリア国際教育の成功はその「強み」に支えられている。教授言語に英語を使用し、アジアに近く、治安や気候の良いオーストラリアは、確かに留学先として魅力的である。海外分校やオフショア・プログラムの存在は、渡豪する場合よりも安価に教育を受けることを可能とし、さらに現地や周辺諸国での大学知名度の向上にも貢献してくれる。そして、オーストラリアの学位を取得し高度専門職に就いた留学生には、永住権や市民権獲得の道も開かれている。移民国家オーストラリアは移民の受け入れを通して労働力を確保してきた歴史をもつ。現在も長期的な労働力不足・技術不足に悩むオーストラリア社会にとって、高度な知識・技術を有する留学生は経済的貢献が期待できる歓迎すべき存在である。

しかし、オーストラリアの国際教育は同時に脆弱性を抱えてもいる。むしろその持続可能性には多くの課題があるといわれる。(2)第一に、一部の機関における留学生収入への過度な依存がある。大学財源の一五パーセントを留学生からの授業料が占めるが、なかには三〇パーセントから四〇パーセント以上を留学生収入に依存する大学が存在している。国際的な政治経済動向に左右されやすい留学生収入に安易に依存することは経営基盤を不安定なものにしてしまう。しかも、留学生収入が必ずしも留学生のためではなく、国内学生への教育サービス向上や研究環境の整備に使われてしまうという問題もある。また、留学生を「金のなる木」とだけみなすことは、留学生の入学基準や採点基準を甘くするなど提供サービスの品質を蔑ろにする風潮を生みやすい。そうしたことが常態化すれば、結局はオーストラリア国際教育の名声を侵食しかねない。

第二に、留学生の出身国・専攻分野・教育レベルに偏りがみられることである。先述のとおり、留学生出身国はアジアに集中し、特に中国からの留学生が五分の一強を占めている。そのうえ、留学生が専攻する分野はマネジメント・ビジネスに大きく偏る傾向にある。さらに、約六〇パーセントの留学生が学士課程レベルに在籍し、逆に博士課程（研究学位）の在籍者が全体の四パーセント未満と少ないことが問題視されている。オーストラリアでは大学教授職の高齢化が進み、若手研究者の参入が必要とされる状況にある。あるいは、国際競争力を高めるにはグローバルに活躍できる高度な科学技術人材の確保も必要である。オーストラリアが、グローバルな知識経済において地歩を確かなものとするためには、大学が世界からトップクラスの大学院生を惹き付ける質や魅力をもつこと、そのためにも具体的な支援対策（安全性の向上、奨学金・生活支援金等）の拡充が求められるようになっている。

第三に、国際教育市場における学生獲得競争の激化である。他の英語圏諸国が留学生獲得をめぐって熾烈な競争を展開していることに加え、最近では中国、マレーシア、シンガポールといった従来の留学生送り出し国が新たな留学生受け入れ国として台頭し始めている。競争は一層厳しくなっている。将来的な留学生動向を予測することは難しいが、IDP Australian による調査研究（二〇〇七年）によると、世界の留学生規模は年率二・七パーセントの増加によって二〇二五年には三七二万人に達するという。そうした留学生をいかに獲得するのか。各国にはさらなる戦略性が求められており、オーストラリアも例外ではない(3)。

国際教育戦略と質保証の強化

こうした環境下、オーストラリア政府が一体となって国際教育戦略を推進していくことがますます重要になっている。国際教育は教育・外交・移民・経済・国際援助・観光といった多様な政策からのアプローチが必要とされる領域となっており、連邦政府は、関係省庁が協力して対応する体制の強化を図っている。

そのなかで国際教育の戦略推進を担う組織として、連邦政府内に豪州国際教育機構（AEI）が置かれている。AEIが担う機能は多岐にわたり、例えば、国際教育に関するカウンセリング・サービスの提供、国際教育市場の分析とその情報提供、留学生奨学金（Endeavour Awards）の提供、留学生の学習・生活の質向上支援、オフショア教育の質保証に関する優良事例の収集・公表、各国教育情報（CEP）の収集・提供、海外学位・資格の認証体制の整備（AEI

-NOOSR）などがある。

現在、とりわけ戦略的重要性が高いのは国際教育の質保証である。オーストラリアでは、留学生受け入れ機関に対する法的規制として二〇〇〇年に「留学生に対する教育サービス法（ESOS Act 2000）」が発効し、その下で留学生受け入れ機関認可制度（ＣＲＩＣＯＳ）が機能してきた。同法はここ数年改正が図られ、国際教育に対する規制が強化されつつある（最新の改正法は二〇一二年七月に発効）。背景には近年の留学生数の増加があり、特に二〇〇九年に都市部でインド人留学生襲撃事件（カレーバッシング）が発生し、国際問題に発展したことが大きく影響している。ＥＳＯＳ改革においては、情報提供・授業料・生活条件といった面でいかに留学生保護を強化するのか、留学生の入学水準維持や教室・キャンパスでの教育・社会経験の充実といった点で教育の質保証をいかに実現するのかを焦点に議論がなされた。こうした動きと並行して、オーストラリア政府はキャンベラにおける「留学生ラウンドテーブル」の開催（二〇〇九年九月）、「留学生ホットライン」の開設、「オーストラリアのための留学生戦略（ＩＳＳＡ）」の策定（二〇一〇年）、学生ビザ改革（二〇一一年）に取り組むなど、留学生の保護や国際教育の質保証に多角的にアプローチすることで、国際教育セクターの国際競争力向上を図っている。

また、オフショア活動に対する質保証としては、二〇〇五年に連邦・州政府の教育大臣の間でトランスナショナル高等教育の質保証戦略（ＴＱＳ）が成立しているほか、留学生向け情報サイト'Study in Australia'を開設して、オーストラリアの学位・資格の授業を行う教育機関や教育プログラムについて、海外の学生向けに幅広く情報提供を行っている。さらに、豪州大学質保証機構は、機関監査の一環として海外分校やオフショア・プログラムへの訪問調査を行い、現地評価機関の協力を得ながら質保証体制の有効性がチェックされる体制が整備されてきた。

労働党政権が進める高等教育改革

こうして国際教育の戦略や質保証を推進するためにも、国内における高等教育セクターの持続可能性や多様性を高めていくことが重要な課題となっている。現労働党政権では、二〇〇八年に高等教育全体の見直し（ブラッドリー・レビュー）が行われ、現在はその提言を踏まえた高等教育政策が本格化しつつある。そこでの中心的課題は、高等教育セクターの拡大・多様化と質保証制度のさらなる強化である。

そもそもオーストラリアの高等教育セクターは小規模だ。その中核をなすのは、州政府に

図表2　オーストラリア高等教育の動向

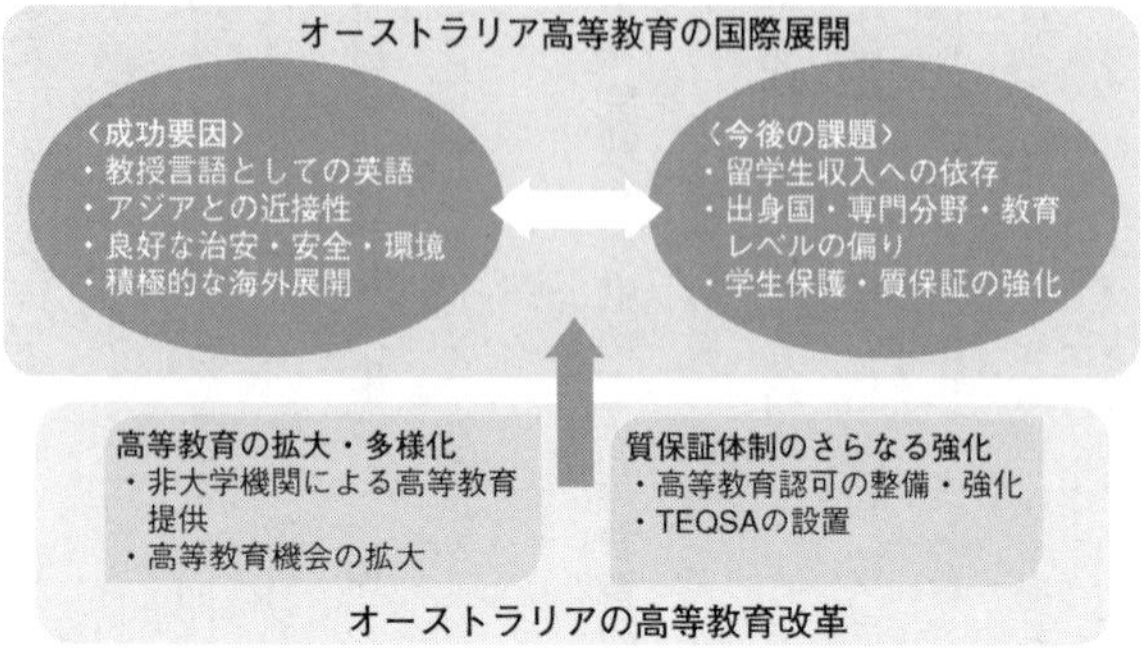
オーストラリア高等教育の国際展開
〈成功要因〉
・教授言語としての英語
・アジアとの近接性
・良好な治安・安全・環境
・積極的な海外展開
〈今後の課題〉
・留学生収入への依存
・出身国・専門分野・教育レベルの偏り
・学生保護・質保証の強化
高等教育の拡大・多様化
・非大学機関による高等教育提供
・高等教育機会の拡大
質保証体制のさらなる強化
・高等教育認可の整備・強化
・TEQSAの設置
オーストラリアの高等教育改革

出典：筆者作成

よって設置された大学を中心とする三九校の大学である。そのうち私立大学はわずかに二校。アジアの新興国では高等教育拡大を担う私立セクターの台頭著しいが、オーストラリアの高等教育は今でも基本的に公立機関から構成されているところに特徴がある。

それでも、近年変化が生じ始めている。大学以外の教育機関が高等教育プログラムを提供するようになった。職業教育を担うＴＡＦＥ（技術継続教育機関）や私立カレッジが高等教育分野にも進出し始めており、高等教育セクターの拡大や多様化が進んでいる。現在、こうした非大学型機関で高等教育を提供しているのは一五〇校ほどだが、今後私立カレッジを中心に機関数の増加と高等教育へのさらなる参入が予想される。労働党政権は、現行政策において低社会経済階層出身者や先住民への高等教育機会の拡大、そして社会全体における学位・資格取得者の増加を目指しており、そのためにも高等教育セクターのさらなる拡大・多様化が必要とされる状況にある。

しかしそこで問題となるのが質保証である。新たに高等教育分野に参入してくる機関やプログラムの質をいかに担保するか。まずはそれが問われている。そして同時に、近年大学についても明確な質保証が求められるようになった。大学はこれまで高い自律性に基づく質保証を基本とし、豪州大学質保証機構（ＡＵＱＡ）がそれを尊重する形で機関監査を実施してきた。しかし、それで本当に「大学」としての水準をクリアできているのかが問われるようになった。大学に対しても、より厳密な水準に基づいた評価の導入が図られている。

その意味で、オーストラリア高等教育の質保証は大きな転換点に差しかかっている。「高等教育の認可プロセスに関する全国規約」（二〇〇〇年）の二〇〇七年改定によって、高等教育認可体制の強化が図られた。ＡＵＱＡは二〇一二年に高等教育基準評価機構（ＴＥＱＳＡ）へと再編され、基準重視の外部質保証体制への転換が図られている。さらにここ数年の作業を経て、豪州資格枠組（ＡＱＦ）が改定され、オーストラリアの資格・学位について明示的な学習成果に基づく整理がなされた。さらに、専門分野ごとにミニマムな学術水準を設定し、分野別質保証につなげようとする取り組みもみられる。まさに矢継ぎ早に改革が進む。

　こうして積極果敢なオーストラリア高等教育の動きは我が国にとって示唆的である。留学生三〇万人計画を掲げて国際化を進める日本は、課題を抱えつつも戦略的に動くオーストラリアから学べることが多いだろう。オーストラリアは国内外で高等教育の質保証強化に乗り出している。それはオーストラリア高等教育に対する信頼を高め、国際競争力を獲得していくうえで極めて重要な意味をもつからだ。その他の改革にも積極的で、新たなことを始めることに躊躇がない。社会で議論を尽くし合意形成したうえで新たな取り組みに着手し、しばらくやってダメなら、そこまでに得た成果をもとにまた新しい方向を見出していく。翻って、日本の動きはいい意味でも悪い意味でもやや慎重にすぎないか。一旦決まったことがなかなか変わらない。そうした硬直性はこのグローバル化時代にはむしろマイナスに作用する危険性がある。まずは議論を尽くして我が国の歴史や文脈に合わせて自分なりにやってみる、不具合が出たらまた議論して変えていく。そんな柔軟さが必要だろう。オーストラリアの経験からまず学ぶべきはそこかもしれない。

【注】

（1）二十一世紀のオーストラリアにとって、アジアは確実に重要性を増している。ギラード首相は二〇一一年九月、「アジアの世紀におけるオーストラリア（Australia in the Asian Century）」について諮問し、オーストラリアの戦略的方向性について議論を開始した。詳しくは、http://asiancentury.dpmc.gov.au/を参照されたい。

（2）本章は高等教育セクターによる国際教育に着目しているため十分に触れていないが、二〇一〇年以降、世界的な金融危機や豪ドルの高止まり、さらにオーストラリアの移民政策の変化等を背景に、特に職業教育訓練セクターにおいて留学生数の減少がみられる。このように、留学生数は政治経済的理由で大きく変動する。しかし、国際教育がオーストラリアにとって重要な産業であることに変わりはなく、連邦政府は国際教育に対する長期的戦略の策定を目的に、二〇一一年十月国際教育諮問会議（International Education Advisory Council）を設置して議論を始めている。

（3）IDP Australiaによる調査では、オーストラリア高等教育に対する留学生数は増加率が徐々に鈍化するものの、二〇二五年には実数で二九万人余りに達すると推計している（Banks et al.

2007）。

【参考文献】

Australian Government (2011) *Australia in the Asian Century*, Issues Paper, December.

Banks, M. et al. (2007) *Global Student Mobility : An Australian Perspective Five Years On*, IDP Education Pty Ltd.

Universities Australia (2009) *Offshore Programs of Australian Universities*, May.

第十五章　日本

—アジアの高等教育市場における立ち位置と大学の国際化—

東京大学大学院教育学研究科准教授

北《きた》村《むら》友《ゆう》人《と》

上智大学

近年の日本における高等教育改革に関する主要テーマの一つが、大学の国際化である。二〇〇八年に政府が打ち出した「留学生三〇万人計画」に基づき、二〇〇九年度には文部科学省が「国際化拠点整備事業（グローバル30）」を公募して一三の大学（国立・七大学、私立・六大学）を重点的に国際化を推進すべきセンターとして選んだ。現在、それらの大学は、積極的にさらなる国際化を図るためのプログラム構築に取り組んでいるところである。また、二〇一二年一月には東京大学が、五年後の実施を目処に現在は春（四月上旬）である入学時期を秋に移行することを発表した。これは、学年暦を国際的な潮流に合わせることで、海外からの優秀な留学生を増やしたり、自校の学生の海外留学を後押しするとともに、教育プログラムの国際化を図っていくという考えに基づくものであり、様々な議論を呼んでいる。

こうした高等教育の国際化を推し進めるための政策や取り組みが打ち出されている背景には、グローバル化する今日の国際社会ではヒト、モノ、資本、情報などが国境を越えて活発に移動しており、そうした流動性の高まりに対して日本を「より開かれた国」にするためには国際的な人的交流が不可欠であるとの認識がある。

そこで本章では、日本の大学が国際化を進めていくうえで、どのような課題に直面しているのかについて考えてみたい。特に、本書のこれまでの各章でダイナミックに描き出されてきたように、近年、アジアの高等教育市場は急速に拡大している。そういった高等教育をめぐる国際的な環境の変化のなかで、日本の高等教育システムがどのような立場に置かれており、果たして国際化を促進することがどのような意味をもっているのかについて、いくつかの異なる視点から考察を加えることにする。

教育プログラムの英語化の是非

大学の国際化を考えるうえで、いわゆる「三〇万人計画」にみられるように、留学生の数を増加させることが最も重要な課題の一つとしてあげられる。そのため、日本の多くの大学では、留学生の数を増やすための手段として英語による講義を行うプログラムを開設することの重要性が広く議論されており、そうした取り組みを政府も積極的に支援している。しかしながら、果たして英語で教えることが本当に大学の国際化につながるといえるのか、アジア諸国の経験と比較しつつ、まずは考えてみたい。

例えばグローバル30では、留学生を獲得するために英語のみで学位を取得できるコースを新規に立ち上げることが必須要件とされた。しかし、これは国際化イコール英語という紋切り型のアプローチにとらわれているのではないだろうか。講義の英語化を頭から否定するわけではないが、むしろ留学生たちの日本語能力を向上させたうえで、日本社会の諸側面に対する理解が深まるような教育プログラムを提供することが大切である。加えて、多くの留学生を受け入れている日本語学校と大学との間の連携を強化することも重要である。

また、学力的にトップ・クラスの留学生たちの多くは、欧米諸国をはじめとする英語が日常的に使用されている国への留学を好む傾向がある。こう言ってしまうと語弊があるかもしれないが、結果としてそれらの国へ留学することのできない学生たちが、日本へ留学するという事態が起こることが危惧される。そのような事態を招かないためにも、各専攻分野においてまずは日本で学ぶことの意義を明確化したうえで、特に日本が国際的な比較優位を有する分野については英語のコースを立ち上げるといった戦略をとることが必要である。

それでは、大学の国際化を図るために英語で教えるコースを導入しているアジアの他の国々では、どのような状況がみられるのであろうか。本書の各章でも、アジア各国の大学が国際的な教育プログラムの開発を積極的に進めている様子が描かれている。ここでは、筆者の限られた経験に基づく管見にすぎないが、いくつかの国のケースについて紹介したい。

韓国では、一九八〇年代から学校教育のなかで英語を熱心に教えてきたことはよく知られている。大学教育においても英語が積極的に導入されており、大学によっては三割以上の講義で教授言語として英語を使用している。例えば同国を代表するエリート大学である高麗大学は、最も積極的に国際化を推し進めている大学の一つであり、多くの講義が英語によって行われている。しかしながら、同大の教員たちから詳しい内情をきくと、講義の質や学生たちの理解度に関して多くの問題を抱えているという。小学生のうちから積極的に英語教育を展開している韓国ですら、大学における英語での講義に関して多くの困難を抱えている現状を軽くみることはできない。

また、タイでも多くの大学が英語のみで学位を取得できる「国際プログラム」を開設し、特にアジアの近隣諸国からの留学生を獲得している。こうした国際化の推進によって、留学生や外国人研究者の割合が飛躍的に増加しているタイの大学は、国際的な評価もそれに伴って向上している。しかしながら、留学帰りの優秀な若手教員が、待遇面で優遇されている国際プログラムに集中してしまい、タイ語による教育プログラムにしわ寄せがきているという問題もある。

もともとアジアでは、シンガポール、香港、フィリピン、マレーシアといった国・地域において、英語による学位取得が可能なプログラムを開設している大学が数多くある。しかし、近年の特徴として、韓国やタイの例のように必ずしも日常生活において英語が広く使用されているわけではない国々の大学で、英語プログラムが積極的に立ち上げられている。これは、高等教育市場の国際化が進み、国境を越えた学生たちの流動性が高まっているためであるが、そこには経済的あるいは文化的な理由などで欧米諸国への留学をためらう学生たちの存在がある。そういった学生たちは、学費や生活費などが割安であることや、宗教や生活様式などの文化的な特徴が近いといった理由で、アジア諸国への留学を選んでいる。

こうした学生たちを確保するうえで、グローバル30のような留学生政策には一定の効果があることも事実である。しかし、学生たちが経済的・文化的な理由で留学先を決めるのであれば、やはり相対的に生活コストが高い日本は、必ずしもアジアのなかで比較優位性をもっているわけではない。また、例えば東アジア文化圏では、中国、韓国、台湾などが積極的に留学生を受け入れており、以前であれば日本に留学したであろう学生たちを引きつけている。こうした状況を踏まえると、単に英語で教えればよいという発想ではなく、どうしても日本へ行って勉強したいと学生たちが考えるような日本独自の教育プログラムを構築することこそが、日本の高等教育の国際化を促進するうえで欠かせない。

海外留学と学生の志向性

これまで日本の大学は国際化を進めるために、「留学生三〇万人計画」に代表されるように主として海外からの留学生を呼びこむことに重点を置いてきた。それと同時に最近では、日本人学生たちを国外に送り出すことの重要性も広く認識されるようになっている。例えば、従来以上に多くの大学が海外の大学との交流協定を締結し、留学生の受け入れのみならず日本人学生たちに対する留学支援も充実させている。また、日本学生支援機構（ＪＡＳＳＯ）の「留学生交流支援制度（長期派遣）」（二〇〇四～〇八年度は文科省が実施。二〇〇九年度からＪＡＳＳＯに移管）が、修士または博士の学位取得を目指して海外の大学に一年以上留学する学生たちを対象に奨学金を給付している（学位取得を目的としない奨学金制度は以前にもあった）。もちろん、これまでにも各国政府や各種財団による留学助成制度によって多くの日本人学生たちが海外に渡ったが、日本政府が積極的に日本人学生の留学を長期にわたって支援しようという姿勢を示すようになったことは特筆すべきである。

しかし、こうした大学や政府の後押しにもかかわらず、必ずしも海外に出ていきたいという強い思いをもった学生たちがそれほど多くはないということが、近年、問題視されている。文科省の教育再生懇談会の第四次報告でも、最近の「若者が『内向き志向』になり、外の世界に積極的に飛び出して行かなくなっているのではないか」といった懸念が示されている。それは、旅行代理店による年代別の海外旅行者数に関する調査結果（二十代前半層のみが経済状況などの外的要因とは関係なく継続的に減少している）をはじめ、青年海外協力隊や国際機関職員への応募者数の激減などからもみてとることができる。筆者の身近な経験でも、前述の「留学生交流支援制度」の第一回目の公募にあたって、当時勤務していた国立大学の留学生センターの教員から、同制度への応募者がいなくて困っているという話を聞いて驚いた記憶がある。

このような状況を受けて、二〇〇九年度には文科省が「グローバル人材育成のための大学教育プログラムに関する実証的研究」を実施し、筆者が調査代表を務めた（文部科学省、二〇一〇年）。この調査を通して、国公私立を問わず多くの大学で、将来、国際社会で活躍できる人材を育てることの重要性を認識し、そのために海外でのインターンシップやボランティアなどの多様な教育プログラムを開発していることが改めて明らかになった。各プログラムの担当者から話をきくと、学生たちのすべてが「内向き」になっているのではなく、実は積極的に海外に出ていく志向性をもった一部の学生たちと、国内に留まることを好む多くの学生たちとに明確にわかれるという、二極化の進む様子がみえてきた。そのなかで、「外向き志向」をもった学生たちの多くは、単に海外で何かをしたいというのではなく、かなり明確なビジョンをもっており、特に途上国との国際協力に対する関心の高さには目を見張らされるものがあった。

一例をあげれば、インターンシップのあり方をみても、国際協力・国際交流系のインターンシップには、意識が高く、積極的に海外に出ていきたいという学生たちが応募してくる。こうした学生たちは、すでに自分たちでＮＧＯのスタディ・ツアーなどに参加して途上国を訪問したり、必ずしも欧米の先進諸国だけではなくアジアの国々へ留学した経験を有したりしている。それに対して、ビジネス系のインターンシップなどでは就職活動に有利になるからといった理由から参加する学生が多く、自らのキャリア・プランのなかにどのようにインターンシップを位置づけるかといった意識の低いことが指摘された。

それでは、グローバル人材育成を促進するために、海外にはどのような制度があるのだろうか。一般的にアメリカの学生たちにも、日本人学生たちと同様の二極化した状況をみることができるが、積極的な学生たちは平和部隊をはじめＹＭＣＡや赤十字などのボランティアとして他国（特に途上国）での社会奉仕活動に従事している。ヨーロッパに目を転じると、周知のように「エラスムス計画」や「ボローニャ・プロセス」といった多国間での政策的取り組みにより、国境を越えた学生たちの移動が非常に活発化している。また、欧州連合のヨーロピアン・ボランタリー・サービス、イギリスのギャップ・イヤー、フランスの国民役務などを利用して、海外での様々な活動に参加する学生たちも多い。さらに、アジアの大学では、欧米諸国や日本といった伝統的な留学生受け入れ国に加えて、アジア諸国の大学との交流を活発化させ、多くの学生たちが留学している。

近年、各国政府はテロ対策など安全保障の側面から、留学生の身元や政治活動の有無などについて大学がもっと情報を把握するようにといった要請を強く打ち出す傾向があり、大学側も対応に苦慮している。また、（元）留学生の不法就労や不法滞在、さらには犯罪行為への加担といった問題も根強く、多くの国が対応に頭を悩ませている。日本人留学生や海外教育プログラムの参加者たちにしても、麻薬使用などの違法行為への関与をはじめ、滞在先でのトラブルを未然に防ぐための心構えについて事前指導の徹底が欠かせない。

日本の高等教育が国際化を進めていくうえで、グローバル人材の育成は主要課題の一つとして今後ますます重視されるであろう。その際、「外向き志向」の学生たちに対する支援の充実のみならず、「内向き志向」の学生たちに対していかなる働きかけを行っていくかが、より一層問われなければならない。

アジアの高等教育市場の国際化

高等教育の国際化が、日本でも、そして海外の国々でも活発に展開されているなか、多くの国の大学関係者の間でアジアの高等教育市場に対する関心が高まっていることは、本書の序章でも指摘した通りである。特に、中国とインドという大きな成長センターを中心に、東南アジアや南アジアの各国が勢いよく経済成長を続けているなか、高等教育分野でもアジアの大学が国際的な存在感を増しつつある。例えば、日本の大学が大学間交流協定を締結した相手先の数は、一九八一年の時点では北米一四五、ヨーロッパ七三、アジア五七、オセアニア一三であった。それが二〇〇六年には、アジア二九四八、ヨーロッパ一四九七、北米八七二、オセアニア二二五と大きく変化している（国際協力機構研究所、二〇一〇年）。これらの数字は、日本の多くの大学が積極的に国際化を推進するなかで、特にアジアの大学との連携を重視するようになってきたことを示している。

また、アジア以外の国の大学も、活発にアジアの大学との交流を深めている。とりわけ、従来はアジアの優秀な人材を自国に引っ張ってくることに主眼を置いていた欧米の大学が、教育・研究面におけるより対等な関係を目指してアジアの大学との連携を試みるケースが増えてきていることは注目に値する。こうしたなか、今日のアジアの高等教育市場の国際化は、アジア域外の大学がアジアの大学との交流を深めようという動きと、アジア域内の大学がお互いに連携をとり合おうという、二つの異なるベクトルで起こっている。

アジア域外からのアプローチとしては、主に欧米の大学によるアジア戦略にみられるように、ブランチ・キャンパスをアジアに開校するケース（ペンシルバニア大学ウォートン校やフランスのＩＮＳＥＡＤといった有力ビジネス・スクールのシンガポール進出や、オーストラリアのモナシュ大学によるマレーシア・キャンパスなど）と、アジアの大学との共同学位や共同プログラムを開設するケースがみられる。ちなみに、ここでいう「欧米の大学」とは、主として北米、欧州、オセアニアの諸大学を指している。

こうした動きに対抗するように、アジア域内での大学間連携も活発化している。日本の大学もそうした動きに乗り遅れまいと、アジアへの進出を積極的に進めており、アジアの大学との共同学位制度なども増えてきている。そうした共同学位制度を導入している例としては、東北大学と清華大学（中国）、早稲田大学と北京大学、復旦大学（ともに中国）、南洋工科大学（シンガポール）、慶應義塾大学と延世大学（韓国）、復旦大学との間で実施されているダブル・ディグリー・プログラムなどをあげることができる。また、神戸大学はインドネシアのインドネシア大学、ガジャマダ大学、バンドン工科大学と協定を結び、一年目はインドネシアの大学院で、二年目は日本の大学院で学び、日イ双方の大学から学位を取得するデュアル・ディグリー・プログラムを開設している。

さらに、近年の特徴としては、こうした大学ごとの連携のみならず、複数の大学が参加するネットワーク（国際的な大学コンソーシアムなど）を通した協調関係の構築が積極的に行われている。そうしたネットワークの一つとして一九八九年に設立された「アジア・太平洋大学交流機構（ＵＭＡＰ）」をあげることができる。ＵＭＡＰの目的はアジア・太平洋地域の大学の移動（モビリティー）を促進することであり、単位互換システムや共同研究ネットワークといった学生や教員が各国の大学間を自由に留学・交流できるような仕組みづくりを進めている。また、東南アジアの「アセアン大学ネットワーク（ＡＵＮ）」（一九九五年設立）でも国際的な学生・研究者の交流を様々に支援しており、アジアにおける高等教育の地域連携を深める動きが活発化している。

ただし、アジアの高等教育の地域化は、欧州高等教育圏の確立を目指すボローニャ・プロセスとは異なる地域連携のモデルづくりを模索するなかで進んでいると考えられる。つまり、ヨーロッパでは共通の枠組みに基づく学位制度や単位互換制度を整備して、域内の高等教育の「標準化（standardization）」を実現することが明確化されている。しかし、アジアではＵＭＡＰやＡＵＮのような枠組みのなかで標準化された制度を構築しようという試みが積み重ねられてはいるが、基本的には域内の多様性を踏まえたうえで知見や経験などを分け合うといった「共有化（sharing）」の傾向の方が顕著にみられる。その背景には、高等教育の歴史的な発展経緯や学術的な基盤などにおいて、あまりにも各国の間で異なった状況があるということを指摘できる。

　このようにアジアの高等教育市場が国際化するなかで、日本の大学に求められていることは国際水準に見合った教育・研究のための環境整備を行い、アジアの優秀な人材を日本に呼びこむことである。教育面においては、国際的な単位互換システムの構築や留学生のためのワンストップ・サービスの確立など、留学生に「学びやすい」環境をつくることが欠かせない。研究面では、日本が国際的に比較優位のある研究分野のさらなる充実を図るとともに、例えば研究成果を特許化するにあたって国内のみならず海外でも特許申請を容易に行えるような支援なども必要である。

　また、教育・研究のどちらの面においても国際語としての英語の重要性は否定できないが、それと同時に東北アジアの漢字文化圏のネットワークを強化することを怠ってはならない。日本を含めていずれのアジア諸国においても英語重視の流れが勢いを増しているなか、中国、韓国、台湾といった漢字文化圏では今後、知的生産活動のさらなる発展が見込まれるため、いかにしてこれらの国との連携を強化し、漢字文化圏の優位性を活かしていくのかという観点を忘れてはならない。そのためには、いわゆる「東アジア共同体」構築の議論のなかでも、高等教育の役割や位置づけを明確化していくことが喫緊の課題である。

国際標準を見据えた大学システムの整備

二〇一〇年十一月十八日に開かれた行政刷新会議「事業仕分け第三弾」の評価結果は、大学関係者に大きな衝撃となった。先述の文部科学省による国際化拠点整備事業（グローバル30）に対して、「一旦廃止し、組み立て直す」という評価が与えられたのである。英語で講義を行う教育プログラムを立ち上げ、重点的に国際化を推進すべきセンターとして一三の大学が選ばれ、二〇〇九年度から準備が進められたことはすでに述べた通りである。しかし、二〇〇九年度には事業仕分けを受けてグローバル30の予算が大幅に縮減され、二〇一〇年度の仕分けではさらに厳しい結果となった（この結果を受け、事業内容の修正とそれに伴う再申請を経て、基本的に事業そのものは継続しているが、今後も厳しく成果が問われていくものと思われる）。

すでに本章でも指摘したように、現在のグローバル30には改善しなければならない課題がいくつもある。しかし、高等教育市場の国際競争がし烈になるなか、国内の学生たちをグローバルな人材に育てるとともに、国外の優秀な学生たちを集めるためにも、日本の大学が国際化していくことは極めて重要であり、グローバル30に選ばれた各大学はそのための教育プログラム改革に積極的に取り組んでいることも事実である。その意味では、政府主導で始めた事業に沿って、大学側がまさに試行錯誤しながらより良いプログラムを作り上げようとしている最中に、成果をあげるうえで最低限必要な時間すらも与えることなく梯子を外すような事業仕分けの評価結果には、強い疑問を感じざるを得ない。

このような評価が行われる背景には、日本の高等教育を国際的な視点から考えるという姿勢が不足していることがあるのではないか。あるいは、高等教育の国際標準を意識して日本の大学を改革することの意義が、わかりにくいのかもしれない。実は、大学のシステムを国際標準に合わせていくことは、国内の問題を考える際にも重要な意義をもつ。そこで、近年、大学と企業の間で様々な議論が交わされている問題の一つである、大学生の就職活動を例として考えてみたい。

年々、大学生の就職活動の開始時期が早期化しているが、大学関係者も手をこまぬいてみているわけではない。日本学術会議でも、単に「早期化」だけを問題にするのではなく、学生たちの適切な活動を支援するキャリア・ガイダンスの重要性や、土日祝日や長期休暇を有効活用した具体的なルール作りを大学と産業界の間で行うことの必要性などを議論している。また、深刻な就職難で内定を得られずに卒業する大学生が増えていることに鑑み、就職活動で既卒者が不利な扱いを受けることを防ぐために、卒業後数年間（最低三年間）は「新卒扱い」にするよう企業側に求める提言を、文部科学省に提出している。さらに、大学と職業の接続がより適切なものになるよう、学生が身に付けるべき知識や能力について学問分野別の質保証の枠組みを構築することを検討している。

これらはいずれも重要なことではあるが、結局のところ採用活動をする企業側が方針を変えない限り、大学側には打てる手があまりないようにも見受けられる。しかし、本当にそうであろうか。企業が採用活動を行うには、大学が人材を送り出すということが前提となっている。そのため、就職活動のイニシアティブは本来、大学の方が握っているのである。このように発想を転換したうえで、大学システムを国際標準に合わせてみてはどうであろうか。東京大学によって提起された秋入学への移行も、そういった文脈から議論を深めることが可能である。

大学のシステムを変更するうえで最も重要なことは、入学時期の柔軟化と在学年数の多様化を徹底することである。つまり、現在のようにほとんどの学生が四月に入学し、四年間（学部によっては六年間）在籍して卒業するという状況のなかでは、一般的に三年生後半から四年生前半にかけて実施する新卒一括採用の仕組みを企業側が変えることはないであろう。しかし、もし学生たちの入学時期が四月と十月に分散し、在籍年数も三年から五〜六年といったように多様化すれば、企業は現行の採用システムを維持することができなくなる。このように、人材の送り出し側である大学が、そのシステムを変更することによって、就職活動のあり方も大きく変化するのではないだろうか。

ただし、こうしたシステムを導入するためには、セメスター制度を厳密に適用したり、授業料の体系を柔軟なものにしたりすることが欠かせない。例えば、すでにセメスター制度を導入している日本の大学は多いが、必ずしも本来の意図を充分に反映した仕組みにはなっていない。セメスター制度では、四月から始まる春学期と十月から始まる秋学期のどちらの時期に入学しても、基本的に同じ教育を受けることができるようにカリキュラム編成がなされている必要がある。しかし、日本の多くの大学では、春学期の科目と秋学期の科目が実質的に連続しており、春学期を受講しないと秋学期の科目を理解することができないケースがしばしばみられる。もちろん、科目によっては一年間にわたる教育の必要性が高いものもあるだろうが、その場合は春学期から始まる科目と秋学期から始まる科目をそれぞれ開講することが求められる。

東大の秋入学に関する議論で注目を集めている「ギャップ・イヤー」（東大が想定しているのは「ギャップ・ターム」）のような制度は、こうしたセメスター制度の本格的な導入と併せて実施することが欠かせない。入学試験に合格した学生たちに一年間有効な入学資格を付与することで、大学入学前に学生たちは多様な経験を積むことができる。そうした経験は、大学での勉学を充実したものにするとともに、将来のキャリア設計を考えるうえでも極めて役立つはずである。さらに、授業料のシステムも、学期ごとの一括ではなく履修単位数に応じたものに転換することが必要である。そうすることで、個々の学生の関心や経済状況に応じて履修することが可能になり、在籍期間も多様化するであろう。

大学の国際化は、避けて通れない課題である。しかし、そうした問題意識が多くの大学関係者（特に教職員）の間で共有されているとは言い難い。就職活動のような身近な問題も含め、国際標準を見据えた大学システムの整備を進めることの重要性を改めて強調したい。

グローバルな人材の育成とともに、グローバルに人材を育成することが、これからの日本の大学には求められている。しかしながら、本章でも批判的に論じたように、「グローバル30」をはじめとする高等教育の国際化を推進するための政策には様々な問題がある。二十一世紀のグローバル化する高等教育市場において、日本の大学がさらなる学術的貢献や社会的役割を果たしていくためには、国際化という課題を避けて通ることはできない。本章でも指摘したような現在の日本の高等教育政策・制度にみられる諸問題を踏まえたうえで、各大学は自らの建学の理念や社会的に期待される役割などを活かした「国際化」のあり方を考えていくことが必要である。

【参考文献】

国際協力機構（ＪＩＣＡ）研究所『「東アジア共同体」における高等教育国際交流・協力に向けて（Policy Brief No. 1)』、二〇一〇年二月。

文部科学省・平成二十一年度国際開発協力サポートセンター・プロジェクト『グローバル人材育成のための大学教育プログラムに関する実証的研究』（研究代表者・北村友人）、二〇一〇年三月。

終章　グローバル時代に日本の大学がアジアのなかで目指すこと

早稲田大学大学院アジア太平洋研究科教授
黒《くろ》田《だ》一《かず》雄《お》

上智大学総合人間科学部教育学科教授
杉《すぎ》村《むら》美《み》紀《き》

東京大学大学院教育学研究科准教授
北《きた》村《むら》友《ゆう》人《と》

早稲田大学

アジアの高等教育を取り巻く環境は、まさに激動のなかにある。

本書では、アジア太平洋諸国の高等教育システムがさらなる発展をかけて、どのような問題に直面しており、それらの課題を乗り越えるためにいかなる大学改革を進めているのかについて紹介してきた。その背景には、高等教育のグローバリゼーションという地域を越えた国際的な動きの影響も色濃くみられるが、それと同時に、アジア域内での「地域化（regionalization）」の流れも湧き起っていることを無視することはできない。さらには、国内における政治・経済・社会・文化などの諸条件との関係から、高等教育のあり方が厳しく問われているという面もある。このように、世界（global）、地域（regional）、国内（national）といった異なる地理的レベルの諸要因と深く関連しながら、アジアの高等教育は激しく変動している。

こうした問題意識に基づき、二十一世紀のアジアの高等教育がどこへ向かおうとしているのか、アジア太平洋諸国の大学改革や代表的な大学の取り組みなどを紹介するなかで描き出すことが、本書の目的であった。各章の執筆者は、それぞれの研究関心や実務経験などをベースとしながら、各国の文脈に即した独自の論考をまとめており、興味深い事例の数々を提示することができたと編者たちは確信している。

本書の締めくくりとなる終章では、これまでの各章の議論を踏まえたうえで、高等教育市場がグローバル化する時代に日本の大学がアジアのなかで何を目指していくべきなのか、そのためにどのような改革が求められているのかについて考えたい。そこで、アジアの高等教育に関する研究や実務において幅広い経験を有する黒田一雄・早稲田大学留学センター所長（当時）を招き、編者たちとの間で「グローバル時代に日本の大学がアジアのなかで目指すこと」というテーマで自由に語り合った。なお、この座談会は、本書のベースとなった連載「アジアの高等教育事情─ダイナミック・アジア─」を掲載していただいた『リクルート・カレッジマネジメント』誌・編集長である小林浩氏の司会によって、二〇一一年四月二十二日に東京・八重洲の株式会社リクルート・本社会議室において行われた。

■アジアの高等教育市場に何が起こっているか
─人、情報、教育プログラムがダイナミックに動く─

北村　まず、三つのことが言えます。第一に、人、情報、教育プログラムなどが国を越えてダイナミックに移動しているという最大の特徴です。第二に、提供者の変化です。これまでは国立大学（パブリック・セクター）が中心でしたが、今は私立大学（プライベート・セクター）の存在感がいろいろな意味で高まっています。第三に、高等教育で学ぶ人の数が増えて市場化が起き、質の問題が問われるようになった点です。国際水準を満たした教育プログラムが提供されているのかが、マーケットや労働市場の側から見たときに、一番高い関心を持たれる部分です。一方で、国際プログラムが英語に偏る傾向もあります。

黒田　アジアでも、大学間協定、ジョイントディグリー、ダブルディグリー、ツイニング、サンドウィッチといった国際プログラムがこの五〜一〇年で雨後の筍のように増えています。国境を越えた教育プログラムのデリバリーというようなことも起こっています。

杉村　アジアの各国間のオートノミー（自律性）の対立も起こっていますね。国際連携の動きが進むことで、各国の国策・国益と教育政策との絡みで、プログラムをどう位置づけるかで対立する。特に質保証のネットワークについては、結局各国の裁量に任せるという部分が大きく、実質的になかなか機能していません。

■アジアのダイナミックな動きの背景とは
―「市場化」と「国際化」、それぞれの背景―

黒田　アジアの高等教育を一言でいえば、市場化と国際化です。私立大学を中心とした市場化の背景には、高等教育に対するある種無批判な信頼による、経済合理性を超えたデマンドがあります。例えば韓国の高等教育就学率九二パーセントなんていうのは、どう見ても韓国の経済合理性のレベルを超えている。さらに、国立大学でも日本の独立行政法人化のような民営化が起こっています。

北村　多くの人が高い教育を受けたいと願い、国立大学では足らず私立大学がすごい勢いで新設されています。カンボジアでは、全大学一〇〇校弱のうち、この一〇年間で増えた私立大学が五〇校以上を占めています。しかし多くの私立大学には、経営学、ＩＣＴ、英語など、ビジネス系の専門学校的なプログラムしかありません。一方、国立大学は伝統的な学問分野のみを教えているので、国立大学の学生のなかには、私立大学にも在籍し、実践的な部分を私立大学で補い、学位を二つ取るという日本のダブルスクールのような現象が起こっています。統計が足りないのですが、教育省の見解では、少なくとも四分の一から半数の学生が、何らかの形で二つ以上の学位を取ろうとしています。ただし、二つも三つも学位を取っても必ずしも就職できるわけではないので、経済的合理性がない。バングラデシュなどでも、同じようなことが起こっています。

杉村　さらに補足すると、市場化の最大の要因は、やはり一般の人々の意識の変化だと思います。経済的な余裕や、中産層の著しい伸長がなければ、政策が人々の移動を促そうとしても動かない。かつてのようにエリート層だけが大学に行くのではなくて、「学びたい」「資格を取ってより有利な就職をしたい」「より有利なキャリアを得たい」という意識が、アジアの人々にはあるのです。

黒田　次に国際化の背景では、アジアの政治、経済の動きが一体になるということがデファクト（de facto）として進み、政治や文化、宗教、言語などの違う国々が、ASEAN共同体、東アジア共同体などに注目しました。そして、日中韓による東アジア共同体がスタートすれば、コンフリクトがありながらも機能的であろうと気づいた。そこで高等教育でも、アジアとして物事を考えられる人材を養成していく必要があると気づき、お互いに韓国語、中国語、タイ語、日本語を勉強するようになってきました。

東アジア諸国における高等教育の総就学率
（ISCED レベル５Ａ，５Ｂ，６）（1970―2005年）

	1970	1975	1980	1985	1990	1995	2000	2005
カンボジア	1.4	0.8	0.1	0.3	0.6	1.3	2.1	3.6
ラオス	0.2	0.3	0.4	0.8	1.2	2.0	2.8	7.9
ベトナム	―	―	2.6	2.7	2.8	6.1	9.5	―
インドネシア	2.6	3.2	3.8	6.1	8.4	11.4	14.4	17.0
中国	0.1	0.6	1.1	2.1	3.0	5.3	7.7	19.6
フィリピン	17.7	20.9	24.1	24.3	24.5	27.5	30.5	28.0
マレーシア	―	―	4.1	5.7	7.3	16.6	25.9	28.6
タイ	2.9	6.6	10.2	13.4	16.5	25.8	35.2	46.0
日本	17.6	24.1	30.6	29.8	29.1	38.2	47.4	55.3
韓国	7.4	9.9	12.4	24.9	37.3	57.9	78.4	91.0

出典：ユネスコ統計研究所データベース（http://stats.uis.unesco.org/unesco/TableViewer/document.aspx?ReportId=143&IF_Language=eng）
注：1970年、1975年、2005年のデータは一部入手不可能

北村　しかもアジアの学生は国境の壁をいとも簡単に飛び越えていくところが、ダイナックな動きのゆえんです。例えばスリランカの学生が、オーストラリアのモナシュ大学マレーシア・キャンパスで学び、次にモナシュ大学のオーストラリア・キャンパスへと移動していく。日本の学生が一番やらないことです。

杉村　国際間移動の決定的な要因は、労働人材に関連していると考えます。スリランカの学生がオーストラリアに行くのは、オーストラリアでは留学生が学位を取った後にそこで就職できるからです。受け入れ国もそれを当然期待していま

す。

黒田　シンガポールはナレッジ（knowledge）を集めることですよね。

杉村　そうですね。しかしシンガポールはナレッジは集めますが、いわゆるブルーカラーは要らないという徹底した戦略をとっています。それに対してマレーシアは、労働市場のニーズを見込んで教育プログラムをつくっています。

北村　マレーシアでそれを可能にするのが、中等教育段階からの英語のトレーニングです。だから高等教育を英語のプログラムで受けられるのです。

■日本にとっていま注目の国　―大学の国際戦略を国策に位置づけるアジア各国―

北村　トップクラスの大学を目指すのか、そうでないか、大学が目指す目的により異なります。例えばワールドクラス・ユニバーシティを目指すなら、中国、シンガポールの二つを一番見なければいけない。

黒田　マレーシアは、九〇年代の政策改革があそこまで高等教育の在り方や社会との関係を変えたということを考えると、少なくとも参考にすべき国ですね。

杉村　マレーシアには最初、中国人留学生が多かったのですが、二〇〇〇年代に入ると、中国人は自国で英語教育を行えるようになった。そこで今度はイスラム圏のつながりを図ろうと、中東のドバイ、インドシナ半島ではホーチミン、南アフリカ、北京に事務所をつくり、マレーシアに留学生を招致するようになったのです。特にアフリカ人学生はここ三～四年で急増しています。国策として行っているのですが、実際に受け入れているのは、もっぱら私立大学です。ではなぜアフリカ人がマレーシアに来るのかといえば、英語のプログラムが安価で受けられ、ディプロマを取ればイギリスやニュージーランドなどへ再留学することができる。いわば、トランジット・ポイントになるからです。そこにはマレーシアの社会や文化に対する留学生側の愛着はあまり感じられません。

黒田　中継ぎ貿易みたいなものですね。

杉村　おっしゃるとおり、ぴったりな言葉だと思います。これがマレーシアのトランスナショナル・プログラムなのです。

北村　自分たちの大学としてのアイデンティティを大事にしながら、なおかつ国際プログラムをつくっていくという日本のグローバル四大学（G４：国際基督教大学、国際教養大学、立命館アジア太平洋大学、早稲田大学国際教養学部）の動きは、タイと非常に似ていて参考になります。

黒田　タイは英語圏でないのに、高等教育の国際化、英語化を進めています。一方でナショナル・エリートや、自国の言葉での高等教育もかなり大切にしている部分がありますので、確かに日本と似ています。また、国立大学のなかに私立部門をつくり独立採算制にすることで、ビジネス・スクールなど国際水準のレベルの教育の授業料を高く設定しています。だから九〇年代後半の経済危機のときにも、高額の授業料にもかかわらず学生が集まった。高等教育のメニューを提供するということについての柔軟性はすごいです。

北村　韓国は英語化・アメリカ化を少し進め過ぎてしまった気がします。例えば高麗大では三〜四割弱の講義が英語で行われています。そのために海外で学位を取った人を教員として積極的に雇っているのですが、いくつか問題もあります。しばしば見られることですが、韓国をテーマとして博士論文を書くため、審査をする欧米の大学の教員はその研究が本当に最先端のレベルなのかどうか判断できないままに学位を出してしまう。そういう人を英語ができるからといって雇ってしまうので、研究の質と共に教育の質も低いのではないかと、最近になって疑問視されています。

さらに、韓国は小学校から英語教育に力を入れている割には、トップレベルの高麗大でも、英語の授業における学生の理解度がかなり低い。そこも問題視されています。日本の大学もその方向に行きかけている部分があって怖いですよね。

■アジアから日本はどう見えるか
—質保証に高まる期待。ネットワークでイニシアチブを取る—

杉村　国際的な質保証でいえば、日本は良い意味でも悪い意味でも慎重だと思います。

黒田　一九八〇年代ぐらいまでのアジアの高等教育研究は入試研究が強く、何をどう教えるかというところに大きな注意が払われてなかった。そういう意味で日本は九〇年代以降の高等教育改革の先例だとは確かに思います。特に理系では相当にアカウンタビリティの高い、生産性の高い教育が行われていたと思いますが、文系ではまだまだ難しい。

北村　オーストラリアは、国際的な質保証を政策的に明確に打ち出すことで、もともと高等教育の国際的な評価が高かったところをさらに裏づけている。日本は国際教育プログラムでオーストラリアとの連携をもっとやっていく余地があると思います。

杉村　オーストラリアが主導して始まったアジア太平洋の質保証ネットワークに日本がもっと積極的に入っていくべきだと思います。

黒田　逆説的に、オーストラリアは市場化が進んだために質保証が必要になったと私は考えています。高等教育はオーストラリアの輸出産業の三～四番目に入るのです。日本でも質保証のことは九〇年代からいわれてきましたが、有名な大学があぐらをかいていて、従来からの大学間の序列が強固に保たれており市場的な流動性が少ないので、質保証への強いデマンドがなかったのだと思います。しかし、最近多くのブレイクスルーが散見されてきました。国際教養大学や立命館アジア太平洋大学が、国際性を売りにして良い学生を集めている。会津大学もそうだといえます。

杉村　オーストラリアのように、市場化に追随する質保証ではなく、日本は国際連携による質保証を行えばよいと思います。例えば日中韓のキャンパスアジア構想などのネットワークに参加し、日本の良い面をアピールできれば、海外の学生も日本の大学にアクセスしやすくなるのではないでしょうか。

北村　本当にそう思います。そのときに、各国の様々なシステムが違うなかで、教育プログラム、研究面、施設など、共通の基準を定める必要があります。これは非常に困難かつ地道な作業なのですが、各国の代表としていくつか大学が集まり、ベンチマーキングを行うなどの方法が考えられます。文科省が国際化を支援する際には、こうした基準作りを支援してほしいと思います。

黒田　質保証に関して、単位互換の条約改正のためのユネスコの会議が二〇一一年の秋に東京で開催されます。日本が政策的にも関心を持って、アジアのなかでイニシアチブを取ろうとしていることは良い方向だと思います。

杉村　その動きはアジアにとどまらず、国際大学協会（ＩＡＵ）など他地域の高等教育ネットワークなどとつながっていくと思います。日本の大学は、規模拡充や留学生の数を増やすというレベルの話ではなく、頭脳戦略の部分でリードすれば良いというのが私たち三人の共通意見です。さきほど黒田先生が、タイが日本の参考になるとおっしゃったもう一つの理由として、タイはＡＳＥＡＮのコーディネート役を担っている点があります。

黒田　東南アジア教育大臣機構（ＳＥＡＭＥＯ）、ＳＥＡＭＥＯの高等教育研究所（ＲＩＨＥＤ）、ＡＳＥＡＮ大学ネットワーク（ＡＵＮ）などの事務所は、すべてバンコクにあります。ユネスコの地域事務局もバンコクです。国が政策的に取り組み、ある意味、アジアの教育首都的機能となっています。ただ、タイをはじめとする東南アジア諸国も北東アジアにパートナーを求めており、いまは韓国がその相手役を担っています。しかし高等教育の質という点では、東南アジアはやはり日本を見ているところがあるので、日本がその役割を担ってほしいとも思います。

■真のグローバル人材とは
―異なる文化や背景を持つ人たちが一緒に働くときに、いかに自分らしく力を発揮できるか―

黒田　経済協力開発機構（ＯＥＣＤ）において、中等教育の質を測るＰＩＳＡ（生徒の学習到達度調査）のように、今度は高等教育の質を測ろうというＡＨＥＬＯ（高等教育における学習成果の評価）の動きが起こっています。ミニマム・スタンダードならそれでいいですが、もっとハイレベルのスタンダードという点では、出口のアセスメントなどで質を見ていくべきでしょう。理系の日本技術者教育認定機構（ＪＡＢＥＥ）のように、横断的な専門分野別の質ということも当然あると思いますし、もう少し大きな枠組みでは、自己評価も含めた形でのアクレディテーションで質をチェックしていく方法があります。

杉村　北村先生が二〇一〇年にまとめられたグローバル人材の研究によると、結局何をグローバル人材と呼んで、どういう人材像を求めるかを決めないと、質が決まらないことがわかりました。グローバル人材は英語が話せればいいのかということになってしまうと、非常に狭い意味になるので、そこを議論する必要があります。（注・文部科学省平成二十一年度国際開発協力サポートセンター・プロジェクト「グローバル人材育成のための大学教育プログラムに関する実証的研究」研究代表者・北村友人）

北村　学位の共通性、例えば日本と韓国と中国とマレーシアといった異なる国で学んで取得した学位をどう扱うかと考えた時、学問分野別に考えるべきです。理系、ビジネス系など、世界中で基本的に同じような内容を学ぶスタンダードがある程度確立している分野と、教育学など国内の大学間ですら教育内容に違いが見られる分野では、扱いを変えるべきです。

杉村　人材育成という意味では、企業とのつながりを考慮することも重要だと考えます。大学の側から歩み寄って、企業がどういう人材を求めているかといったことを、今まで聞くこともなかったように思います。

黒田　やっぱり日本の場合、出口よりも入口のスクリーニング・デバイスのイメージが強くありますね。

杉村　国策の意図も要因としてあると思います。つまり中国が求める人材像と日本が求める人材像はやっぱり違う。大学相互間の連携レベルなら大学間の話し合いでいいわけですが、そこに国レベルが入ってくるとまた難しくなる。そのためアジアの国々が自分の国のために人材を育てるという意識ではなくて、アジアの大学がアジアの人材を育てると考えなければいけないと思います。

北村　限られた分野からやってみるといいですね。例えば比較的連携しやすい理系の分野と同時に、哲学、文学、法学、経済学などの分野でもアジア独自の地域性が出る領域に取り組んでみる。結局グローバル人材で一番求められることは、異なる文化や背景を持つ人達が一緒に働くときに、いかに自分らしく力を発揮して共に働けるかといったことなので、必ずしも英語や中国語の国際プログラムである必要はないわけです。教育内容に最適なのであれば、それぞれの国の言語を使った国際プログラムもあり得ると思います。

黒田　日本人学生と留学生をまぜこぜで教育する場を作っていくことも教育的観点から重要で

すよね。

北村　一番問題に感じるのは、留学生はたいてい留学生同士で固まっていることなのです。だから、教員側が腹を決めて、各ゼミに必ず外国人を二〜三名は入れるようにしてはどうでしょうか。たとえ日本語を用いる授業であっても、周囲の日本人が助けてあげることで、いろいろな学びが生まれると思います。大学院の講義やゼミでも同じことがいえます。そういうなかからグローバル人材は生まれるのではないでしょうか。事実、東南アジアのキャンパスには外国人学生が溢れているので、彼らはみな外国人に慣れています。日本人学生たちが留学生たちを遠巻きに見ている日本のキャンパスとの差はここにあります。

黒田　私はグローバルＣＯＥの枠組みで、アジア地域統合のための世界的人材育成拠点の事務局長をやっています。グローバル人材育成と漠といってしまうと、欧米への留学が浮かびますが、ここでは、まずアジアの一員としてリージョナル人材の育成をできないかと考えています。ナショナル・アイデンティティはどうしても否定できませんが、アジアとしての一体化、アジアとして解決していかなければいけない課題に、〝アジア人〟として目が向くような人材を育成していくということが、日本の大学には非常に重要です。

さらにコミットメントも大切だと思います。東京大学の国際化戦略は「世界の公共性に奉仕する」です。イェール大学も「グローバルな貢献」、スタンフォード大学も「研究によるグローバルな課題解決」とミッションに国際化をうたっています。なぜ国際化するのかを考え、世界的な貢献への潮流を意識することも重要です。

北村 私は一方で、すべての大学がグローバル人材を育成する必要はないと思っています。みんなが一斉に国際化の方向に流されるのではなく、経営陣の方には何よりもまず大学の理念をもう一度振り返っていただきたいと思います。

杉村 これまでは、日本のなかだけで自己完結的にやってくることができましたし、労働市場も需供バランスがとれて高度経済成長も達成しました。しかしこれからはそういう時代ではない。多層的な人材移動のなかに日本と自分たちの大学を位置づけ、異文化の人と交流をするなかで、いかに複眼的、多層的な視点で物事を考えられるか。私たち次世代の人材を育てる大学側も考えるべきだと思います。

あとがき

本書は、『リクルート・カレッジマネジメント』誌に二〇〇九年七月から二〇一一年七月までに連載されたシリーズ「アジアの高等教育事情―ダイナミック・アジア―」に紹介された中国、韓国、シンガポール、タイ、マレーシア、インドネシア、インド、オーストラリアの国々に、今回新たに書き加えられたベトナム、カンボジア、ラオス、ブータン、スリランカ、日本の各章を加えて上梓したものである。

そもそも本連載の企画をリクルート・カレッジマネジメント編集長の小林浩氏とともに立ち上げられたのは、故馬越徹先生（名古屋大学・桜美林大学名誉教授）であった。二〇〇九年三月、編者たちを前に、アジアの高等教育の動向を丹念に描くことの必要性を、いつものように言葉を選びながら丁寧に、かつ熱い思いで語られた先生の横顔は今も忘れられない。長年にわたり、比較教育学者として、韓国をはじめアジアの高等教育研究をリードしてこられた馬越先生は、グローバル化や国際化のもとでアジアの大学で起こりつつある大きな改革のうねりと、それが今後、どのように展開していくか、また日本の高等教育がそのなかでどのような立ち位置を持って進むべきかを模索することの重要性を指摘された。

以後、この三年の間にも、アジアの高等教育改革は、各国のとる国際化政策やそれに伴う国際連携の展開、学生移動の活発化により、刻々と変化をみせている。なかでも、本書でとりあげた様々な国の事例で指摘されているとおり、国際化対応とそれに付随して起きている高等教育の質保証の問題が、国境を越えた人材流動の点や国内の既存の教育問題とのかかわりから焦点化されている。それらは、アジアがひとつのモデルとしている欧州の高等教育改革の中でもすでに指摘されていることであるが、同時に、言語、宗教、政治的体制の点で非常に多様性に富んだアジア独自の問題も含み、多層的、重層的な高等教育システムを模索する必要性を提起している。

こうした状況を踏まえた時、馬越先生の投げかけられた大きな問題提起に今後も地道に挑戦し、その時々の社会状況の中で激動するアジアの高等教育像を描き続けることにこそ意義があると考える。その意味で、本書がその出発点となり高等教育改革に思いを寄せる方々の間での議論の参考にしていただくことができれば、執筆者一同、望外の喜びである。

最後に、執筆者を代表して、もともとの連載企画をあらためて書籍として刊行することをご快諾くださいました『リクルート・カレッジマネジメント』誌の小林浩編集長と能地泰代氏、丁寧な編集作業をとりまとめてくださった株式会社ぎょうせいの皆さん、ならびに上智大学出版事務局に、心より御礼申し上げます。

二〇一二年八月

編者　北村友人
　　　杉村美紀

2011,166,pp.46-49.

第14章　オーストラリア

杉本和弘．アジアの高等教育事情　ダイナミック・アジア5「アジア太平洋地域を舞台にした国際教育の展開と質保証」『リクルートカレッジマネジメント』2010,161,pp.42-45.

第15章　日本

北村友人『週刊教育資料』（日本教育新聞社）連載記事（No.1118，2010年5月24日号，pp.28-29／No.1126，2010年7月26日号，pp.8-29／No.1135，2010年10月11日号，pp.28-29／No.1143，2010年12月13日号，pp.28-29）

終　章

北村友人・黒田一雄・杉村美紀．アジアの高等教育事情　ダイナミック・アジア最終回「グローバル時代に日本の大学がアジアの中で目指すこと―日本人と外国人が一緒に学ぶ場を作る」『リクルートカレッジマネジメント』2011,169,pp.16-21.

第5章　タイ

鈴木康郎，スネート・カンピラパーブ．アジアの高等教育事情　ダイナミック・アジア8「高等教育のマス化とASEAN統合に向けた国際的地位の向上を目指して」『リクルートカレッジマネジメント』2010, 164, pp. 56–59.

第6章　マレーシア

杉村美紀．アジアの高等教育事情　ダイナミック・アジア4「高等教育の国際展開におけるトランジット・ポイント」『リクルートカレッジマネジメント』2010, 160, pp. 34–37.

第7章　インドネシア

服部美奈．アジアの高等教育事情　ダイナミック・アジア9「高等教育の一大市場を形成する底力，先を見据えた人材育成戦略」『リクルートカレッジマネジメント』2010, 165, pp. 42–45.

第9章　カンボジア

北村友人「途上国における大学の公共性—カンボジアの事例から考える—」宮本久雄他編『大学の知と共育—カトリック大学の未来を探る—』教友社, 2011, pp. 143–160.

第10章　ラオス

廣里恭史「教育開発における効率と公平の問題：政治経済学的アプローチによる考察」大坪滋・木村宏恒・伊東早苗編『国際開発学入門—開発学の学際的構築—』勁草書房, 2009, pp. 370–374.

第12章　インド

小原優貴．アジアの高等教育事情　ダイナミック・アジア10「知的資本の拡大と還流を目指す「知的資本大国」構想」『リクルートカレッジマネジメント』

初出一覧

本書の各論稿は、以下より転載し、加筆・修正しました。また、特に記載のないものは、書き下ろしです。

序　章

北村友人. アジアの高等教育事情 1「グローバル化するアジアの大学—国境を越えた人材流動が求める質の保証」『リクルートカレッジマネジメント』2009, 157, pp. 26–29.

第1章　中国（1）

南部広孝. アジアの高等教育事情　ダイナミック・アジア 2「中国の高等教育戦略（前編）—急激な量的拡大と質の維持・向上に向けた改革の進展」『リクルートカレッジマネジメント』2009, 158, pp. 50–53.

第2章　中国（2）

黒田千晴. アジアの高等教育事情　ダイナミック・アジア 3「中国の高等教育戦略（後編）—改革開放30周年を迎えた中国の国際教育戦略」『リクルートカレッジマネジメント』2009, 159, pp. 62–65.

第3章　韓国

井出弘人. アジアの高等教育事情　ダイナミック・アジア 7「ここで起きているのは「未来の姿」か—「情報公開」の推進で競争環境再編を図る韓国」『リクルートカレッジマネジメント』2010, 163, pp. 42–45.

第4章　シンガポール

池田充裕. アジアの高等教育事情　ダイナミック・アジア 6「世界の頂点目指す自治大学化と米中を結ぶ新大学の誕生『リクルートカレッジマネジメント』2010, 162, pp. 58–61.

（共編著、2009年）、「豪州大学によるトランスナショナル・エデュケーションの展開と質保証」日本比較教育学会編『比較教育学研究』第43号（単著論文、2011年）

黒田　一雄（くろだ・かずお）〈終章〉
早稲田大学大学院アジア太平洋研究科教授
専門：国際教育開発論、国際高等教育論
主著：『国際教育開発論―理論と実践』（共編著、2005年）、*Mobility and Migration in Asia Pacific Higher Education*（共編著、2012年）、『アジアの高等教育ガバナンス』（編著、2012年）

廣里　恭史（ひろさと・やすし）〈第10章〉
上智大学総合グローバル学部教授／グローバル教育センター長
専門：比較国際教育学、国際教育開発論
主著：『途上国への基礎教育支援―国際的な議論と潮流―』（共編著、2008年）、*The Political Economy of Educational Reforms and Capacity Development in Southeast Asia*（共編著、2009年）、*Emerging International Dimensions in East Asian Higher Education*（共著、2014年）、*The Political Economy of Schooling in Cambodia: Issues of Quality and Equity*（共著、2015年）、『途上国世界の教育と開発―公正な世界を求めて』（共著、2016年）

小原　優貴（おはら・ゆうき）〈第12章〉
東京大学大学院総合文化研究科・教養学部附属教養教育高度化機構特任准教授
専門：比較教育学
主著：Examining the Legitimacy of Unrecognised Low-fee Private Schools in India: Comparing Different Perspectives, *Compare*, Vol. 42, No. 1, pp. 69–90（単著論文、2012年）、『インドの無認可学校研究―公教育を支える「影の制度」』（単著、2014年）

杉本　和弘（すぎもと・かずひろ）〈第14章〉
東北大学高度教養教育・学生支援機構教授
専門：比較教育学、高等教育論
主著：『戦後オーストラリアの高等教育改革研究』（単著、2003年）、『アジア・オセアニアの高等教育』（共著、2004年）、『高等教育質保証の国際比較』

『世界のシティズンシップ教育―グローバル時代の国民／市民形成』（共著、2007年）、『市民性教育の研究―日本とタイの比較』（共著、2007年）、『国際開発学入門』（共著、2009年）、*Regional Contexts and Citizenship Education in Asia and Europe*（共著、2015年）

服部　美奈（はっとり・みな）〈第7章〉
名古屋大学大学院教育発達科学研究科教授
専門：比較教育学、教育人類学
主著：『インドネシアの近代女子教育―イスラーム改革運動のなかの女性』（単著、2001年）、『変貌するインドネシア・イスラーム教育』（共編著、2007年）、『現代教育改革論―世界の動向と日本のゆくえ』（共著、2011年）、『家族と教育（ジェンダー史叢書２）』（共著、2011年）、『アジアの教員―変貌する役割と専門職への挑戦』（共編著、2012年）

近田　政博（ちかだ・まさひろ）〈第8章〉
神戸大学大学教育推進機構教授
専門：比較教育学、高等教育学
主著：『成長するティップス先生　授業デザインのための秘訣集』（共著、2001年）、『近代ベトナム高等教育の政策史』（単著、2005年）、『学びのティップス　大学で鍛える思考法』（単著、2009年）、『ベトナム2005年教育法』（訳書、2009年）、『大学教員準備講座』（共著、2010年）

合教科を中心に」(『長崎大学教育学部紀要(教育科学)』75号、2011年)、『東アジアの歴史政策』(共著、2008年)

池田　充裕(いけだ・みつひろ)〈第4章〉
山梨県立大学人間福祉学部人間形成学科教授
専門:比較・国際教育学
主著:『世界のシティズンシップ教育—グローバル時代の国民/市民形成』(共著、2007年)、『PISAから見る、できる国・頑張る国—未来志向の教育を目指す:日本』(共訳、2012年)、『アジアの中等教育改革—グローバル化への対応』(共著、2013年)、『新版　世界の学校—教育制度から日常の学校風景まで』(共著、2014年)

鈴木　康郎(すずき・こうろう)〈第5章〉
高知県立大学地域教育研究センター准教授
専門:比較・国際教育学
主著:『アジアの就学前教育—幼児教育・保育の制度・カリキュラム・実践』(共著、2006年)、『グローバル化と学校教育』(共著、2007年)、『市民性教育の研究—日本とタイの比較』(共著、2007年)、*Regional Contexts and Citizenship Education in Asia and Europe*(共著、2015年)

カンピラパーブ・スネート(KAMPEERAPARB, Sunate)〈第5章〉
名古屋大学大学院国際開発研究科講師
専門:比較・国際教育学、留学生教育
主著:『アジアの教科書に見る子ども』(共著、2005年)、

え』（共編著、2011年）、『東アジア新時代の日本の教育―中国との対話―』（共編著、2012年）、『東アジアの大学・大学院入学者選抜制度の比較―中国・台湾・韓国・日本―』（単著、2016年）

黒田　千晴（くろだ・ちはる）〈第2章〉
神戸大学国際教育総合センター准教授
専門：比較・国際教育学
主著：「中国の留学生教育政策 - 二一世紀における留学生受け入れ大国」『中国21』Vol. 33（単著論文、2010年）、「アメリカにおける孔子学院―サンフランシスコ州立大学の事例―」『国際教育』第17号（単著論文、2011年）、The New Sphere of International Student Education in Chinese Higher Education: A Focus on English-Medium Degree Programs, *Journal of Studies in International Education*, 18(5), pp. 445–462（単著論文、2014年）

井手　弘人（いで・ひろと）〈第3章〉
長崎大学教育学部准教授
専門：カリキュラム論、比較教育学、教科教育学（生活科・総合学習、社会科教育）
主著：「韓国高等教育における競争的資金配分事業と地方国立大学―統合・再編事業への国家『介入』過程とその意味」（『比較教育学研究』35号、2007年）、「韓国・人的資源開発体制における高等教育とネットワーク―知識基盤社会移行期の『市場化』『国際化』インパクト―」（『カリキュラム研究』16巻、2007年）、「韓国における人材育成政策の転換とナショナル・カリキュラムの変化―初等教育低学年統

編著者紹介（執筆順）

北村　友人（きたむら・ゆうと）
〈編者、序章・第９章・第15章・終章〉

東京大学大学院教育学研究科准教授

専門：比較教育学、教育社会学、国際教育開発論

主著：『アジアの高等教育改革』（監訳書、2006年）、『揺れる世界の学力マップ』（共編著、2009年）、*Emerging International Dimensions in East Asian Higher Education*（共編著、2014年）、『国際教育開発の研究射程―『持続可能な社会』のための比較教育学の最前線―』（単著、2015年）、*The Political Economy of Schooling in Cambodia*（共編著、2015年）

杉村　美紀（すぎむら・みき）〈編者、第６章・第13章・終章〉

上智大学総合人間科学部教育学科教授

専門：比較教育学、国際教育学

主著：『マレーシアの教育政策とマイノリティ―国民統合のなかの華人学校―』（単著、2000年）、『東アジア共同体の構築３：国際移動と社会変容』（共著、2007年）、『比較教育研究―何をどう比較するか―』（共訳書、2011年）、『多文化共生社会におけるESD・市民教育』（共編著、2014年）、*Globalizing Japan: Striving to Engage the World*（共著、2015年）

南部　広孝（なんぶ・ひろたか）〈第１章・第11章〉

京都大学大学院教育学研究科准教授

専門：比較教育学

主著：『中国高等教育独学試験制度の展開』（単著、2009年）、『現代教育改革論―世界の動向と日本のゆく

激動するアジアの大学改革

—グローバル人材を育成するために〈増補版〉

2016年11月15日　第1版第1刷発行

共編者：北　村　友　人
　　　　杉　村　美　紀

発行者：髙　祖　敏　明

発　行：Sophia University Press
　　　　上　智　大　学　出　版

〒102-8554　東京都千代田区紀尾井町7-1
URL：http://www.sophia.ac.jp/

制作・発売　㈱ぎょうせい
〒136-8575　東京都江東区新木場1-18-11
TEL　03-6892-6666　FAX　03-6892-6925
フリーコール　0120-953-431
〈検印省略〉　URL：http://gyosei.jp

印刷・製本　ぎょうせいデジタル㈱
ISBN978-4-324-10212-1
(5300258-00-000)
［略号：(上智) 激動するアジア増補］
NDC 分類377.1

Sophia University Press

上智大学は、その基本理念の一つとして、
「本学は、その特色を活かして、キリスト教とその文化を研究する機会を提供する。これと同時に、思想の多様性を認め、各種の思想の学問的研究を奨励する」と謳っている。

大学は、この学問的成果を学術書として発表する「独自の場」を保有することが望まれる。どのような学問的成果を世に発信しうるかは、その大学の学問的水準・評価と深く関わりを持つ。

上智大学は、(1) 高度な水準にある学術書、(2) キリスト教ヒューマニズムに関連する優れた作品、(3) 啓蒙的問題提起の書、(4) 学問研究への導入となる特色ある教科書等、個人の研究のみならず、共同の研究成果を刊行することによって、文化の創造に寄与し、大学の発展とその歴史に貢献する。

Sophia University Press

One of the fundamental ideals of Sophia University is "to embody the university's special characteristics by offering opportunities to study Christianity and Christian culture. At the same time, recognizing the diversity of thought, the university encourages academic research on a wide variety of world views."

The Sophia University Press was established to provide an independent base for the publication of scholarly research. The publications of our press are a guide to the level of research at Sophia, and one of the factors in the public evaluation of our activities.

Sophia University Press publishes books that (1) meet high academic standards ; (2) are related to our university's founding spirit of Christian humanism ; (3) are on important issues of interest to a broad general public ; and (4) textbooks and introductions to the various academic disciplines. We publish works by individual scholars as well as the results of collaborative research projects that contribute to general cultural development and the advancement of the university.

Internationalization of Asian Universities:
Fostering human resources for the global community
〈enlarged edition〉

published by
Sophia University Press

production & sales agency : GYOSEI Corporation, Tokyo
ISBN978-4-324-10212-1
order : http://gyosei.jp